U0500533

书画类文物高光谱数字化保护方法与应用

The Methods and Applications of Hyperspectral Technology in Digital Conservation of Chinese Painting and Calligraphy

吕书强　侯妙乐　武望婷　著

测绘出版社

·北京·

内容简介

本书针对地面高光谱技术在书画类文物数字化保护中的前沿学术问题,系统阐述了其中涉及的基本原理、处理方法和工程应用。本书主要内容包括书画类文物表面颜料特点、高光谱数据的采集、高光谱的基本原理、光谱数据常用处理方法、表面颜料分析方法、隐含信息提取与信息增强方法、实际文物保护应用等。

本书基于书画类文物保护的实际应用,阐述了地面高光谱技术在其中涉及的多种方法,为高光谱技术与文化遗产保护结合提供有效的技术支撑,为拓展高光谱遥感的民用应用领域提供了思路,希望能引起相关领域专家学者的深入研究。

本书可作为测绘工程、遥感应用、文化遗产数字化保护等学科领域的研究开发人员、工程技术人员,以及相关领域的专业教师和研究生的参考书。

图书在版编目(CIP)数据

书画类文物高光谱数字化保护方法与应用 / 吕书强,
侯妙乐,武望婷著. -- 北京 : 测绘出版社,2022.10
　　ISBN 978-7-5030-4386-4

　　Ⅰ. ①书… Ⅱ. ①吕… ②侯… ③武… Ⅲ. ①高分辨
光谱学－应用－书画艺术－文物保护－中国 Ⅳ.
①G264.2－39

中国版本图书馆 CIP 数据核字(2021)第 129073 号

书画类文物高光谱数字化保护方法与应用
Shuhua Lei Wenwu Gaoguangpu Shuzihua Baohu Fangfa yu Yingyong

责任编辑	侯杨杨		封面设计	李　伟	责任印制	陈姝颖
出版发行	测绘出版社		电　话	010—68580735(发行部)		
社　址	北京市西城区三里河路 50 号			010—68531363(编辑部)		
邮政编码	100045		网　址	www.chinasmp.com		
电子信箱	smp@sinomaps.com		经　销	新华书店		
成品规格	169mm×239mm		印　刷	北京捷迅佳彩印刷有限公司		
印　张	10.375		字　数	200 千字		
版　次	2022 年 10 月第 1 版		印　次	2022 年 10 月第 1 次印刷		
印　数	001—500		定　价	78.00 元		
书　号	ISBN 978-7-5030-4386-4					

本书如有印装质量问题,请与我社发行部联系调换。

前　言

　　20 世纪 80 年代,高光谱遥感技术应运而生,其以更高的光谱分辨率、更精细的地物识别能力,在对地观测领域得到迅猛发展。在短短几十年内,高光谱遥感理论和方法逐渐得到完善,现在已经成为定量遥感、地物识别等前沿领域最为重要的技术分支之一。

　　近年来,随着光电技术、传感器集成技术的不断进步,高光谱成像仪的技术指标在逐步提高的同时,其体积、重量及价格却保持逐渐下降的趋势,使得地面高光谱成像仪的出现及其市场普及成为现实,这促进了高光谱技术在食品检测、法医鉴定、水质监测及文化遗产保护等民用领域的推广应用。高光谱在相关领域的理论及方法得到各界学者的重视,已经成为一个交叉学科的研究热点。在文化遗产保护领域,高光谱遥感具有不接触目标物、无损检测、覆盖波长范围宽、光谱分辨率高、全表面覆盖等特点。在 20 世纪末,就有国内外学者探索了高光谱技术在彩绘文化遗产中的应用,现在高光谱技术已经广泛应用于彩绘文物数字化保护,特别是书画表面颜料识别、隐含信息提取及信息增强等方面。然而,目前还没有论著去系统地阐述高光谱在书画类文物保护中涉及的理论与方法。因此,在总结前人与本研究团队多年科研工作的基础上,经过系统整理,历时三年形成本书。本书旨在阐述书画类文物保护中涉及的高光谱基本原理、处理方法及应用案例,重点在于高光谱数据的处理方法、颜料分析、隐含信息提取等方面,为高光谱在书画类文物领域的应用提供理论指导与工程应用技术参考。

　　全书共分为 5 章,包括以下内容:

　　第 1 章绪论,阐述了研究的意义,当前高光谱技术在文化遗产数字化保护中的研究现状及存在的不足。

　　第 2 章书画高光谱数据获取与预处理,主要阐述了中国书画的渊源和传统颜料的种类及其光谱特征,然后介绍了高光谱技术涉及的基本原理、光谱数据采集仪器及数据的预处理。

　　第 3 章高光谱数据处理方法,详细阐述了在书画类文物保护中涉及的高光谱数据处理基本方法,包括特征提取与特征波段选择、光谱特征增强、光谱匹配、高光谱影像分类及高光谱混合像元分解。

　　第 4 章表面颜料高光谱识别,阐述了书画类文物表面颜料识别的相关理论及处理方法,包括颜料光谱库、颜料匹配等内容。

　　第 5 章隐含信息提取与信息增强,阐述了利用高光谱技术提取书画类文物表面上的人眼和普通数码相机无法或很难识别的信息的处理流程,介绍了数学变换、特征增强、信息提取及效果评价四个环节的隐含信息提取与信息增强流程。

本书研究成果受以下项目资助:国家重点研发计划(2017YFB1402105),北京市高精尖学科建设-测绘科学与技术(2019年),国际摄影测量与遥感学会2020年教育与能力倡议项目(2020 ISPRS Educational and Capacity Building Initiatives),国家自然科学基金(41371492),北京市教委教师队伍建设青年拔尖人才项目,北京建筑大学2018年研究生教育教学质量提升项目,北京未来城市设计高精尖创新中心项目(UDC2016030200),北京市属高校高水平教师队伍建设支持计划长城学者培养计划项目(CIT&TCD20180322)。

本书是根据作者研究团队多年来所取得的研究成果编著而成,北京建筑大学测绘与城市空间信息学院文化遗产数字化与虚拟修复研究室的许多教师和研究生对本书做出了贡献,值此专著出版之际,谨向他们表示衷心的感谢。感谢周平平博士、高振华博士生,以及尹琴丽、谭艳萍、张陈峰、潘宁、谭丽、谷明岩、刘依依、杨雪韵、曹鹏辉、黄纯豪、曹宁、毛锦程、孟蝶、王庆民、杨卫、孙鹏宇、王诗涵等硕士生对本书部分研究内容的支持,感谢首都博物馆人员提供的书画样本。最后,还要感谢我的家人,特别是女儿为本书绘制了实验用的国画,正是家人长期的理解和支持,才促成了本书的出版。

特别指出的是,高光谱技术是一门新兴的高精尖学科,其本身仍在不断发展和完善的过程中,处理方法层出不穷,在文化遗产保护领域的应用至今还处于探索之中,没有形成成熟的稳健性算法和产品。再加上作者受到学识和时间的限制,书中内容难免存在不妥与不足,甚至错误也可能在所难免。在此,衷心希望得到专家与读者的批评指正!

吕书强

2022年6月

目　录

第1章 绪 论

高光谱遥感技术产生于20世纪80年代,该技术将成像和光谱探测融于一体,已经成为一个新兴的前沿领域。近年来,地面光谱成像技术逐渐成熟,高光谱遥感技术迅速应用到其他多个行业,如食品检测、法医鉴定、水质监测及文化遗产保护等。本章主要介绍高光谱遥感技术在文化遗产保护领域的研究现状,简要分析高光谱技术在文化遗产保护领域的研究方向。

1.1 研究意义

我国是一个历史悠久、文化灿烂的文明古国,在5000多年的历史长河中,留存了数量众多的历史文化遗产,凝聚着国人的智慧和文化传承。然而,由于自然、人为、保存环境等因素的影响,现存的文化遗产亟待保护和修复。2002年至2005年,国家文物局组织了针对馆藏文物腐蚀损害的情况调查,结果发现50.66%的馆藏文物存在不同程度的腐蚀,其中重度腐蚀的文物达到230万件,占馆藏文物总量的16.5%。2014年故宫博物院时任院长单霁翔提到,当时全国文物收藏单位馆藏文物已达3000万件(套),半数以上亟待修复,而全国具备修复技能的专业人才仅2000人左右,至少要用150年才能修完。2017年3月,国家文物局局长刘玉珠答记者问时提到,我国现有博物馆4692座,近77万处不可移动文物,近6000万件可移动文物。由此可见,我国现存文物数量巨大,而对其的保护和修复刻不容缓。

彩绘类文物是指通过胶结材料黏合作用使颜料附着于载体材料上的文物,主要包括壁画、书画、彩绘陶器、彩绘泥塑、古建油饰彩画等(何秋菊 等,2012),存世数量较多。其中书画类文物表面色彩绚丽,形象栩栩如生,有利于考证古代政治、经济、文化、风俗、科学技术等发展状况,具有极高的艺术欣赏和考古研究价值,是古代灿烂文化艺术之瑰宝,其在整个文物中占据着重要的地位,是文物体系中的重要组成部分。

然而,由于存世年代久远,书画类文物受到自然环境(潮湿、高温、光照、灰尘)或人为保护措施不当等因素的影响,不可避免地会出现不同程度的自然老化和病害,如颜色的褪色、画面的破损缺失、污渍霉变等。因此,将现代科技与传统方法相结合应用于书画类文物的数字化保护与修复已经成为当前研究的热点。

目前,许多新的科学技术已经逐渐应用于书画类文物的数字化保护中,如偏光显微分析、拉曼光谱分析、X射线衍射分析、X射线荧光分析、激光诱导击穿光谱法、扫描电镜-能量色散 X 射线分析、电子显微分析、近红外光谱分析等。然而,这些方法一般需要实际采样,对文物而言本身就是二次伤害。而且多数是对文物表面点状或局部区域的取样和分析,难以实现整个文物表面全覆盖的数据获取。

近年来,高光谱技术具有无损检测的特点,能同时获取文物表面的空间图像和反射光谱,已经与其他检测技术一起被应用于书画类文物的数字化保护研究中。本书重点研究高光谱在书画类文物的表面颜料识别、隐含信息发掘与信息增强等方面涉及的关键技术,旨在为我国书画类文物的保护与修复提供量化的科学依据。其意义在于以下方面:

(1)信息留存——记录文物表面详尽光谱信息。不同种类不同比例颜料的巧妙搭配形成了文物表面的绚丽多彩的文字和图案,承载着浓重的文化气息,反映着文明的前进足迹。因此,彩绘类文物的表面色彩信息是其最重要的信息。高光谱成像技术能够以 2 nm 左右的间隔近乎连续的方式记录彩绘类文物表面波长为 350 nm 至 2 500 nm 的电磁波反射,完全覆盖了可见光、近红外和短波红外区域,是对彩绘类文物电磁波较全波段反射的详尽记录,避免了普通数码相机只能记录红、绿、蓝三个波段反射的局限性。对彩绘类文物的光谱信息进行详尽的永久数字化留存,能为后人提供珍贵的研究资料。

(2)科学决策——研究提供辅助的支撑信息。通过颜料的分析可以确定颜料的材质和含量,而颜料的使用又具有显著的时代特征和地域特点,因此可以对文物的产地、辨伪、鉴定、工艺、施彩技术及时间演化等方面的研究提供辅助的支撑信息,还可以为彩绘类文物的数字化保护和本体修复提供量化的科学依据。

(3)内涵提升——增加文物的艺术表达和流通展示能力。通过对文物的隐含信息挖掘、信息增强等进行研究,可以发现或增强褪色文物或信息缺损文物的可读性,提高文物的艺术表达和流通展示效果。另外,有可能发现人眼及普通数码相机无法发现的隐含信息,可以为文物的考证及研究提供新的素材。

1.2　研究现状

彩绘类文物的颜料识别和分析至今仍是文物保护及其相关领域的研究热点。过去几十年内,国内外许多学者在这一领域进行了积极的探索,许多新的科学技术应用到彩绘类文物的保护中。例如,偏光显微分析、拉曼光谱分析(王继英 等,2012)、X 射线衍射分析、X 射线荧光分析、激光诱导击穿光谱法、扫描电镜-能量色散 X 射线分析(Berrie et al,2016)、电子显微分析、近红外光谱分析(李蔓 等,2016;Fanost et al,2019)等。

拉曼光谱分析应用于考古最早见于 P. Dhamelincourt 等的研究(Dhamelincourt et al,1979),然后该技术在文物研究和保护领域,特别是在彩绘类文物研究与保护领域得以快速发展(闫宏涛 等,2012)。拉曼光谱分析与其他方法如 X 射线荧光分析(李志敏 等,2013)、偏光显微分析(夏寅,2008)、X 射线衍射分析(杨玉璋 等,2010)等相结合,在彩绘类文物的颜料识别、胶结材料、基底研究等方面都取得了较大的进展(王丽琴 等,2010)。

以上方法及其互相组合能够检测文物颜料的化学成分、结构及其形态,能基本解决颜料的识别和鉴定问题。但实际上,由于受到仪器式样尺寸大小、样品表面平整度、测试环境相对湿度等多种因素的影响,在大多数情况下需要实际采样才能进行精确测量,有时候在实际文物上采集样本受到很大的限制。另外,对颜料含量比例的定量化分析较为困难。同时,以上方法基本上都是针对文物的局部进行鉴定,较难实现对文物表面全覆盖的鉴定。因此,近年来高光谱成像技术逐渐被应用于彩绘类文物的颜料识别、隐含信息提取、信息增强、虚拟修复等方面,并取得了一定的进展。

1.2.1　表面颜料分析

在文物表面颜料分析方面,通过文献调研和归纳,发现高光谱技术在颜料识别方面的应用可以分为三个阶段。

第一,多光谱阶段。受到地面仪器光谱分辨率的限制,这个阶段一般使用多光谱数据进行处理。受到识别能力的限制,多光谱常用于单种颜料的识别、病害提取、隐含信息提取、信息增强等,没有或很少涉及混合颜料的问题。这方面代表性的研究有:范宇权等(2007)利用多光谱对莫高窟第 285 窟进行无损分析,Zhao 等(2008)利用多光谱对彩画中的颜料进行填图,等等。

第二,高光谱颜料识别阶段。在彩绘类文物研究中较早使用高光谱技术的是Melessanaki 等(2001),结合激光诱导击穿光谱法与成像光谱法,用于识别一份古手稿的红色颜料和墨迹。之后,高光谱技术经常被用于彩绘类文物的颜料识别中,主要的研究思路通常为:先建立颜料光谱库,然后获取待识别目标的光谱,最后依据某种判据(如光谱角)来对待识别光谱和标准光谱进行匹配,从而达到识别颜料的目的。这个阶段产生了大量的研究成果,且目前仍然在继续发展中。国外典型的研究包括 Attas 等(2003)、Paola 等(2009)、Liang (2012)和 Alessia 等(2018),国内典型的研究包括王丽琴(2006)、李乃胜等(2008)、王乐乐等(2015)和梁金星等(2017)。在这个阶段,仍极少有相关研究将文物呈现出的颜色视为多种颜料的混合色,较少涉及混合像元解混问题。

第三,混合颜料解混阶段。Latour 等(2009)提出了利用高光谱成像技术来讨论混合颜料的模型,从此高光谱用于混合颜料解混才逐渐得到许多国内外研究者的重视。例如,Rachel 等(2014)利用高光谱仪器和附带的软件可以识别两种颜料的混合。王功明等(2015)采用光谱表示颜料的颜色,然后借助独立成分分析,设计了一种分离混合颜料的方法,采用芒塞尔色卡的光谱信息进行模拟实验,恢复出原始颜料的种类及比例。Rohani 等(2016)利用高光谱稀疏模型对埃及发掘的一幅古画进行了颜料解混识别,识别了不同颜料的种类。吕书强等(2017)利用一种改进的比值导数法进行 2～3 种混合颜料的解混实验,并就一幅中国古画进行了验证。这一阶段,利用高光谱技术在混合颜料的解混研究方面虽然取得了一些进展,但对颜料的混合机理研究不多,目前仍然是研究的热点和难点。

近几年,颜料光谱混合的非线性模型也受到学者们的重视,如 Neda 等(2018)利用 Kubelka-Munk 光谱混合理论和深度神经网络,实现了颜料光谱的非线性分解。Taufique 等(2019)利用 Kubelka-Munk 理论,将反射率空间转为 K/S 空间,然后利用线性解混算法,求得不同颜料的丰度,对一幅 17 世纪航海地图的高光谱数据进行了处理。

1.2.2 隐含信息提取与信息增强

隐含信息即在彩绘表面可能存在部分区域靠人眼或者普通数码相机拍摄的真彩色影像难以识别的信息,如底稿信息、修复痕迹、涂改信息、重绘画面、模糊文字等。在隐含信息提取方面,主要对古书画、壁画、墓碑等进行信息提取或增强。荷兰阿姆斯特丹大学的 Van Asperen De Boer(1969),较早利用近红外技术成功探测到壁画深层信息,是后来多光谱、高光谱技术进行隐含信息提取的研究基础。

Balas 等(2003)利用高光谱影像,综合使用影像空间信息和光谱信息,对光谱数据进行分析处理,用于鉴定绘画材料。Emmolo 等(2004)利用高光谱技术获取考古遗迹区域的光谱异常信息,并结合地理信息技术来确定古遗迹区域的分布。那娜等(2004)利用近红外傅里叶变换拉曼光谱法和傅里叶变换红外光谱法对中国字画进行必要的处理,根据分析的结果来确定字画的真伪,并与荧光光谱法进行了比较。Bassani 等(2009)利用高光谱可见光近红外图像对意大利 Arpi 考古区进行了研究,分析了地下考古构造与地表光谱异常的相关性,提出遥感考古高光谱可能更为有效的波段范围。Kim 等(2011)利用高光谱成像技术对旧文档纸张褪色、墨水渗透、墨水腐蚀等进行了视觉加强。郭新蕾等(2017)利用主成分分析技术进行画作底层信息提取,发掘画作隐含信息,提取了古画头冠周围的涂抹痕迹。史宁昌等(2017)利用高光谱成像技术特别是短波红外波段,对故宫博物院部分馆藏书画文物进行分析,在增强印章的文字信息、发现书画的涂改涂抹痕迹和提取底稿线方面有着非常好的效果。Peng 等(2019)利用高光谱主成分影像来提取彩陶上的彩色图案。Wu 等(2019)利用高光谱技术提取了一座西汉墓葬木头表面的文字信息。

本书作者团队也在该方向做了较多的研究工作,如侯妙乐等(2014)提出了一种半自动提取壁画底稿信息的方法,用主成分变换对原始数据降维,选择底稿信息量大的特征波段,利用最大似然分类法实现基于特征波段合成影像的壁画底稿信息提取。Han 等(2015)利用光谱匹配识别轮廓线颜料,通过分析颜料的光谱来选择特征带进而提取颜料信息,实现从壁画草图中提取轮廓线。马文武等(2015)利用古代石碑高光谱数据,通过基于阈值的最小噪声分离变换分离了图像数据中的信息和噪声,提取了石碑的特征信息,并对提取图案上的颜料进行了分析。Pan 等(2017)通过组合主成分变换、敏感波段选择、敏感波段归一化及密度分割等处理,针对一景唐代墓室壁画中的褪色柳叶图案进行了提取,得到清晰的柳叶图。武望婷等(2016)利用高光谱成像技术对周经的《荷塘芦雁图轴》的隐含信息进行了尝试性提取研究。武望婷等(2017)利用最小噪声分离变换、主成分变换、掩模等处理,对清代张士保《论道图》的墨线进行了提取,实现了图像增强效果,从而发现两处人眼无法识别的隐含信息。Hou 等(2019)利用最小噪声分量变换减少壁画背景中的烟熏特征,通过光谱特征分析和图像差值运算实现壁画的特征增强,用密度分割提取烟熏下的图案。

1.2.3　虚拟修复

虚拟修复能够极大程度降低保护修复工作的风险,并且能够将彩绘类文物信息永久保存,成为文物保护领域的一个研究热点。目前,国内外已经取得一定的研究成果和相关积累,主要是针对颜色修复以及裂缝、破损和污渍的虚拟修复。

Pei 等(2004)对古壁画的色彩复原问题进行了研究,利用马尔可夫随机域模型对图像建模,以此来估计图像的污点、裂痕和人为损坏部分,填补相应的空白区域,达到图像修复的目的;但在空白纹理合成算法中,需要人为做一些辅助线,修复操作耗时,过程烦琐。Papandreou 等(2008)在图像稀疏表示模型的基础上,加入了隐马尔可夫模型,获取相邻尺度小波系数间的相关性,该模型能够调整尺度间小波系数的相关性,从而提高图像重建的精度。他们运用该方法实现了对古希腊壁画的修复。刘建明(2010)提出了两种基于离散优化的壁画图像缺损信息修复算法,其基本思想都是通过对图像缺损区域栅格化采样并建模,把缺损信息修复问题转化为定义在离散马尔可夫随机场的能量函数最小化问题,并设计了两种不同的能量函数,分别采用类 EM 算法和置信传播算法实现能量函数最小化的优化,从整体上考量缺损区域的修复状况,避免了传统贪婪修复算法存在的错误传递等问题;同时,通过在设计能量函数时综合利用纹理和结构信息来设置权值,保证了周围已知像素比例大且结构信息强的缺损部分被优先修复。杨筱平等(2011)对Criminisi 图像修复算法进行了改进,采用 D-S 证据理论数据融合方法对修复边缘目标块的信任因子和数据因子进行了融合,提高了修复结果,但是算法的运行时间却延长了很多。西安建筑科技大学团队的王凯等(2014)针对唐墓室壁画的裂缝问题,在对 Criminisi 图像修复算法优化的基础上,实现了较好的虚拟修复效果,满足了人眼视觉的连续性要求;同时,该团队的李彩艳等(2016)针对唐墓室壁画泥斑病害问题,利用病害亮度、纹理等特征,经过阈值分割等一系列处理后,实现壁画泥斑病害精确标定,并利用 Criminisi 图像修复算法对病害进行了虚拟修复。申婧妮等(2017)结合唐墓室壁画的特点,采用基于稀疏理论的形态学成分分析改进算法进行图像分解,将图像分解为结构和纹理两部分,最后根据结构部分与纹理部分的不同特性分别对壁画中的裂缝进行修复。周平平等(2017)基于高光谱影像利用人工神经网络,获取古书画污渍区域下被遮挡的信息,通过建立分类线性回归方程,利用受污渍影响较小的波段校正受污渍影响较大的真彩色显示波段,有效提取了古画中被污渍遮挡的隐含信息,实现了古书画污渍的虚拟修复。Hou 等(2018)针对古书画中的污渍,利用最小噪声分离变换,将其主要特征集中在少数主成分中,通过确定包含大量污渍光谱信息的主成分,并对除所选成分外的多个主成分进行最小噪声分离逆变换,恢复了一幅清代书画。Zhou 等(2019)通过从高光谱数据中选择特征波段,并利用颜色约束的泊松比重建 RGB 图像中被污染区域,实现了四幅不同颜色古书画中污渍的虚拟修复。

目前,国内外利用高光谱技术进行文物的颜料研究已经得到充分的认可,国外具有代表性的有美国国家艺术馆(NGA)的科研部门和意大利国家研究委员会应用物理研究所(IFAC-CNR)(Costanza et al,2016);国内有如中国科学院空天信息创新研究院、武汉大学、西北大学、中国矿业大学、北京建筑大学及西北工业大学等科研院所和高校,以及故宫博物院、首都博物馆、中国文化遗产研究院等文物部门均开展了高光谱技术在文化遗产保护中的研究。

北京建筑大学文化遗产数字化保护与虚拟修复实验室较早利用高光谱技术对彩绘类文物进行了研究,其研究范围涉及颜料识别、隐含信息提取、虚拟修复等,并取得了较大的进展(侯妙乐 等,2017)。

但就总体而言,仍然缺少系统而深入的研究工作,缺乏完整的理论和技术支撑,尤其是在利用高光谱技术对彩绘类文物进行精密的反射光谱信息留存、颜料分析、隐含信息提取、虚拟修复等方面,仍缺乏深入研究与大量应用实践,尚未形成技术标准与体系。本书将主要针对高光谱在书画类文物中的颜料分析和隐含信息提取与增强方面进行系统阐述,旨在为从事该领域相关的技术人员提供参考。

1.3　主要研究内容

高光谱成像分析技术对彩绘类文物的研究,按照其目的可以分为颜料识别、隐含信息提取、病害信息提取、虚拟修复、老化模型等研究内容,具体如图 1.1 所示。

颜料识别主要研究彩绘类文物表面复合颜料的光谱混合模型、定量反演其颜料的种类和比例,为文物断代、研究和全色修复等提供量化、科学的参考依据;老化模型主要研究字画的典型要素(印章、宣纸、题跋)及代表性的颜料,对其热老化和紫外老化进行模拟实验,研究老化对其反射光谱和褪色的影响,为彩绘类文物的褪色机理和辅助断代提供科学的决策信息;隐含信息提取主要针对文物表面人眼难以识别的微弱信息或者完全无法识别的隐含信息,利用高光谱覆盖范围宽、穿透力较可见光强的特点,通过数学变换、信息提取、信息增强和对比分析四个环节,实现隐含信息的提取,提高彩绘类文物的艺术表达效果,为文物的研究提供新的内涵;病害信息提取则利用图像的分类分割算法,研究深度学习等人工智能识别技术,实现彩绘类文物表面病害的自动化或半自动化提取,并对提取的病害进行统计与分析,从而为文物的病害统计、虚拟修复及本体修复提供量化的科学参考依据;虚拟修复利用数字图像虚拟修复方法,研究高光谱影像的虚拟修复方法,依据高光谱影像信息量丰富的特点,探索彩绘类文物虚拟修复的新方法,力争其修复效果优于一般的数字图像修复方法,其结果可以提升文物的艺术表达效果,提高线上展览流通的效果,并能为文物的本体修复起到指导性的作用。

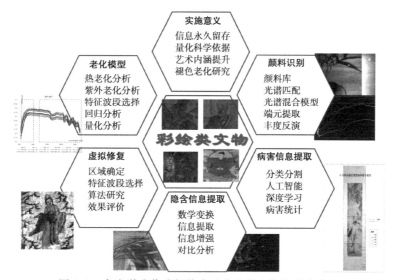

图 1.1 高光谱成像分析技术对彩绘类文物的研究内容

由于篇幅与时间关系,本书仅系统阐述书画类文物保护涉及的高光谱基本理论与方法、表面颜料分析、文物隐含信息提取与信息增强方面的内容。

第 2 章　书画高光谱数据获取与预处理

中国古代传统绘画经常就地取材,所使用的颜料较多来自自然界的矿物和植物,大多数性能稳定,具有特有的光谱反射特征,因此有可能利用光谱技术来识别书画上的颜料成分。

本章首先介绍了中国书画的基本知识,然后对高光谱成像技术的基本原理、书画数字化保护中涉及的主要科学仪器进行阐述,最后重点对高光谱数据的获取和预处理进行了讨论。

2.1　中国书画简介

中国书画分为书法和绘画,书即书法,画即绘画。在我国素有书画同源之说,中国书画历史悠久,源远流长,在世界绘画史上具有重要的地位,是艺术研究的重要内容(陈枸,2016)。广义上的中国绘画包括了卷轴画、壁画、年画、版画等门类。狭义上的中国绘画一般简称国画,是用毛笔蘸水、墨、彩作画于绢或纸上,体现了人对自然与社会等方面的认知,同诗文、书法、篆刻相互影响、结合,形成了综合的艺术特征。

2.1.1　中国书画的历史

中国书画历史悠久,其源头可以追溯到遥远的史前时代,起初表现的多是原始人的朴素生活和理想,其后发展成了为上层社会政治服务的艺术形式,同时也反映各时代社会风貌与世俗的生活图景,其形式主要有岩画和彩陶画。早在 2000 多年前的战国时期,中国就出现了绘在丝织品上的画作,称为帛画,如著名的《人物龙凤图》帛画和《人物御龙图》帛画,是全世界现今发现最早的两幅帛画(杜耀中,2008)。

中国从秦朝开始进入统一的封建社会。秦汉时期国势强盛,统治者大兴土木,许多建筑皆绘有气势恢宏的壁画。这段时期中国画主要有漆画、壁画、墓葬画、帛画等,但由于年代久远,大都湮灭,几无遗存。如今仅有少量秦汉壁画幸存于世。两汉到魏晋南北朝时期,域外文化与本土文化的碰撞及融合,使这时的绘画内容以宗教为主,而本土历史人物、文学作品也占一定比例。中国画中的山水画、花鸟画也在此时萌芽。

魏晋南北朝时期,专业画家开始出现,如东吴的曹不兴是有记载的第一位专业画家。特别是之后绘画集大成者顾恺之,既画人物肖像,又擅长山水、禽兽,其"三篇画论"基本上成了后世中国画论的精髓,代表作《洛神赋图》堪称中国画发展史上的里程碑。这些专业画家的出现,使得帛画开始演变为室内装饰的卷轴画,成为文人贵族的一种时髦,标志着真正意义的中国画已趋成熟。

隋唐时期国家统一,特别是唐朝国力强盛、经济文化繁荣,促进了中国绘画的进一步发展。其中宗教画达到了顶峰,山水画、花鸟画发展成熟,人物画以表现贵族生活为主。其形式仍以壁画、帛画为主。例如,唐代著名画家吴道子曾在长安、洛阳寺观中绘制佛教壁画 300 余堵,情状各不相同。而其他著名画家如阎立本的人物画,张萱、周昉的仕女画,韩干的马画则仍以帛画为主。

五代两宋时期,中国绘画进一步成熟,宗教画渐趋衰退,人物画已转入描绘世俗生活,山水画、花鸟画跃居画坛主流,文人画开始出现。绘画题材风格多样,分科也开始细化,有宗教、人物、山水、花卉、飞禽走兽等门类。其中帛绢画仍然很流行,如《清明上河图》就是帛绢画。在此期间,造纸技术得到提高,优质宣纸产生。宣纸比帛绢造价更低,更有利于泼墨渲染,让中国画开始走向普及和繁荣,打破了隋唐之前中国画一直以宫廷绘画为主的局限性。绘画开始在许多士大夫中流行起来,如司马光、苏轼、黄庭坚、米芾等文人士大夫都是绘画爱好者。

元、明、清三代水墨山水画和写意花鸟画得到进一步发展,文人画和风俗画成为中国画的主流。随着社会经济的逐渐稳定,文化艺术领域空前繁荣,涌现出很多名垂千古的传世名画。元代开始大量使用宣纸作画,但壁画和帛绢画仍占有一定比例(李聃,2017)。

2.1.2　中国书画的类别

"国画"一词起源于汉代,主要指画在绢、宣纸、帛上并加以装裱的卷轴画,其用毛笔蘸水、墨、彩作画于绢或纸上,技法可分为具象和写意,题材可分为人物、山水、花鸟,即所谓"画分三科"。人物画所表现的是人类社会中人与人的关系;山水画所表现的是人与自然的关系,将人与自然融为一体;花鸟画则是表现大自然的各种生命,与人和谐相处。因此,中国画之所以分为人物、花鸟、山水类别,其实是由艺术升华至哲学层面的思考,三者之合构成了宇宙整体,相得益彰。

1. 人物画

中国画中的人物画,以人物形象为主要描写对象,是中国画中的一大画科,其出现较山水画、花鸟画等更早,在新石器时代就有人物画之作。人物画主要有情节描绘、单一形象、传神写照及配景点题四个发展方向,大体可分为道释画、仕女画、肖像画、风俗画、历史故事画等。中国人物画力求将人物个性刻画得逼真传神、气韵生动、形神兼备。其传神之法,常把对人物性格的表现寓于环境、气氛、身段和动态的渲染之中,故中国画论上又称人物画为"传神"。

人物画历史悠久,据记载,商、周时期已经有壁画描写人物。东晋时的顾恺之,唐代时的阎立本、吴道子、韩干等都擅长人物画,为人物画的发展做出了卓越的贡献。唐以后历代都有画人物画的画家。画人物有多种表现方法,各有所长,如白描法、勾填法、泼墨法、勾染法等。人在整个艺术对象中的重要性,使得人物画在书画发展史中占据重要地位成为必然,甚至在山水画、花鸟画中也不会忽略人物的作用(王伯敏,2010)。

2. 山水画

中国画中的山水画,以山川自然景观为主要描写对象,其历史悠久,形成于魏晋南北朝时期,但当时尚未完全分离,仍附属于人物画。隋唐时开始独立,五代、北宋时山水画大兴,趋于成熟,文人墨客纷起,南北竞辉,形成南北两大派系,达到高峰,成为中国画的重要画科。自唐代以来,每一时期都有著名画家专门从事山水画的创作。元代之后山水画趋向写意,以虚带实,侧重笔墨神韵,开创新风;明清及近代,续有发展,亦出新貌。传统上按画法风格分为青绿山水、金碧山水、水墨山水、浅绛山水、小青绿山水、没骨山水等(唐殿全,2013);题材则主要包括山、水、石、树、房、屋、楼台、舟车、桥梁、风、雨、阴、晴、雪、日、云、雾及春、夏、秋、冬等。

3. 花鸟画

中国画中的花鸟画,以花草、禽鸟和一些动物为描写对象,是世界上最有民族特色的绘画形式。在魏晋南北朝之前,花鸟一般是以图案纹饰的方式出现在陶器、铜器上,往往具有神秘的意义,有着复杂的社会意蕴。当时绘制它们并不是追求艺术上的表现,而是通过它们传达某种信仰或君主的意志。当时已有不少独立的花鸟画作品,较多的是画一些禽鸟和动物,往往和神话有一定的联系,有的甚至是神话中的主角。一般来说,花鸟画在唐代独立成科,与人物画、山水画成鼎足之势,为花鸟画的风范格局打下了基础。

五代时期,花鸟画逐渐成熟,以黄筌、徐熙两位开山大家为代表,花鸟画自此高度成熟,宋元两代花鸟画形成了时代性的高峰。明清时期出现为数不少的花鸟画大师,特别是近现代的一百多年里,花鸟画大师更是占据了中国画的大半个江山,如吴昌硕、齐白石、潘天寿等(李志国,2017)。可见花鸟画在中国画科中的地位十分重要。

我国花鸟画有工笔、写意、兼工带写三种主要形式(刘锦安,2018),表现的方法有白描、勾勒、勾填、没骨、泼墨等。其表现的主题中,植物有竹、兰、梅、菊、牡丹、荷花等,禽鸟有鸡、鹅、鸭、仙鹤、杜鹃、翠鸟、喜鹊、鹦鹉、鹰等,昆虫有蝴蝶、蜂、蜻蜓、蝉、蝈蝈、蟋蟀、蚂蚁等,杂虫有蜗牛、蜘蛛等。

2.1.3 中国书画的典型颜料

中国古代绘画源远流长,历代文人对其所使用的颜料也有所研究和记载,从古至今有很多关于中国画颜料方面的著作,如唐代张彦远的《历代名画记》,明代宋应星的《天工开物·丹青》,到近现代于非闇的《中国画颜色的研究》和尹继才的《颜料矿物》等，都详细地记录了国画中常用的颜料性能及制作方法。

中国画早期只使用单色的矿物质和植物质颜料，经过长期不断地创造与改进，慢慢使用矿物质的间色和矿物植物合用的间色。这样的矿植合用，加上古代化学制作的铅粉黄丹，外域输入的藤黄、紫铆等，在公元 5 世纪中国南齐时代书画用颜料就已经非常丰富，并且要求"随类敷彩"了（于非闇，2013）。然而，长期以来，颜料的制作及使用一般都由画家自己完成，其过程和配方也都不公开，直到清代中期，有了专门制售中国画颜料的姜思序堂，一般的国画家才不用自行制作颜料。

中国古代颜料种类繁多，大部分是天然颜料，也有少量合成颜料。天然颜料中无机矿物居多，如朱砂、赭石、石青、石绿、土黄等。天然矿物经过粉碎、研磨、漂洗精制成颜料，再由艺术家之手创作，就成了一件件精美的艺术品。相比于植物性颜料，矿物颜料的性质更加稳定，能够"经久不衰"，所以很多彩绘类文物才能流传至今（尹继才，1990）。表 2.1、表 2.2 是我国古代常用颜料的种类（张陈峰，2017）。

表 2.1　我国古代常用矿物颜料的种类

中文	细分	英文	成分	备注
朱砂		Cinnabar	HgS	辰砂
朱磦		Zinuober	HgS	朱砂提取
银朱		Vermilion	HgS（含 S）	人造朱砂
铅丹		Red lead	Pb_3O_4	黄丹
赭石	赭褐	Limonite	$\alpha\text{-}Fe_2O_3$	代赭、铁矿石
	赭红	Hematite	$\alpha\text{-}Fe_2O_3$	衍生而成
铁朱（红）		Iron oxide red	$Fe_2O_3\text{-}nH_2O$	
土红		Laterite	无定型的黏土矿物混合物	
西洋红		Carmine	$C_{22}H_{20}O_{13}$	
石绿		Malachite	$CuCO_3\cdot Cu(OH)_2$	孔雀石
铜绿		Verdigris	$Cu_2(OH)_2CO_3$	铜青、生绿、碱式碳酸铜
石青	蓝铜矿	Azurite	$2CuCO_3\cdot Cu(OH)_2$	碳酸盐
	青金石	Lapis	$(Na,Ca)_{4\sim8}(Al_6Si_6O_{24})(SO_4,S)_{1\sim2}$	罕见宝石
群青		Ultramarine	$Na_6Al_4Si_6S_4O_{20}$	合成无机颜料
雄黄		Realgar	AsS	鸡冠石
雌黄		Orpiment	As_2S_3	石黄
土黄		Yellowish brown	$Fe_2O_3\cdot 3H_2O$ 和陶土	黄赭石
云母	金云母	Phlogopite	$KMg_3(AlSi_3O_{10})(F,OH)_2$	造岩矿物
	白云母	Muscovite	$K_2Al_4(Si_6Al_2O_{20})(F,OH)_4$	
	绿云母	Euchlorite	未知	
	黑云母	Biotite	$K(Mg,Fe)_3(AlSi_3O_{10})(F,OH)_2$	
高岭土		Kaolin	$Al_2O_3\cdot 2SiO_2\cdot 2H_2O$	黏土矿物

续表

中文	细分	英文	成分	备注
蛤粉		Clam meal	CaO	蛤白
白垩		Chalk	$CaCO_3$	白土粉
铅粉		Lead subcarbonate	$2PbCO_3\text{-}Pb(OH)_2$	胡粉、白铅粉、碱式碳酸铅
石墨		Graphite	C	黑石
珊瑚		Coral	主要成分为 $CaCO_3$ 和微量元素	不常见颜料
水晶		Crystal	主要成分为 SiO_2 和微量元素	不常见颜料
玛瑙		Agate	主要成分为 SiO_2 和微量元素	不常见颜料
绿松石		Turquoise	$CuAl_6(PO_4)_4(OH)_8 \cdot 5H_2O$	不常见颜料、传统玉石
金粉		Gold	Au	不常见颜料
银粉		Silver	Ag	不常见颜料

表 2.2　我国古代常用植物颜料的种类

中文	英文	成分	备注
红蓝花	Tulipa	红色素（$C_2H_{22}O_{11}$）	红花
茜草	Madder	茜素和茜紫素（$C_{14}H_8O_5$）	
胭脂	Rouge	$C_{14}H_8O_4/C_{14}H_8O_5$	
檀木	Sanders	苏木红素（$C_{16}H_{12}O_5$）	苏木
藤黄	Gamboge	藤黄酸（$C_{38}H_{44}O_8$）	玉黄、月黄
花青	Indigo	$C_{16}H_{10}N_2O_2$	靛蓝、靛青、蓝靛
百草霜	Soot	碳（C）	锅底烟
通草灰	Rice ash	碳（C）	灯草灰

2.2　高光谱技术的基本原理

　　任何物体只要其温度超过绝对零度，就会发射电磁辐射，同时也会吸收、反射其他物体发射的电磁辐射。高光谱技术能够覆盖紫外线到短波红外线波段（一般为 350～2 500 nm），记录不同波长下电磁波与物质之间的相互作用，通过其差异，提供丰富的物质信息。不同物体由于其种类、特征和环境条件的不同，具有完全不同的电磁波发射或反射辐射特性。有学者称："光谱是物质的一种指纹。"因此，我们通过高光谱技术记录中国书画表面物质发射或反射的辐射能量，就有可能解译书画表面物质的属性。

2.2.1　电磁波与电磁波谱

　　电磁波是由相同且互相垂直的电场与磁场在空间中衍生发射的振荡粒子波，

是以波动的形式传播的电磁场,其产生机制有许多方式,包括电子能级的跃迁、电荷的加速、物质的放射性衰变以及原子和分子的热运动等。

电磁波由垂直于传播方向上变化的电场(E)和与电场成直角的磁场(H)构成(图 2.1),电场和磁场合称为电磁场,二者互相激发并以相同的相位传播(蔡国印等,2016)。高光谱技术所探测的电磁波长一般为 350~2 500 nm,根据维恩位移定律,这一波谱段的能量来源主要是太阳。

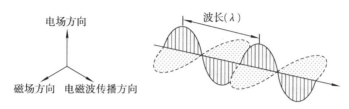

图 2.1　电磁波的传输

电磁波具有波粒二象性,即波动性和粒子性。对遥感学科而言,主要讨论其波动性。单色光的波动性可用波函数来描述,主要有三个重要参数。

(1)波长:波长是两个相邻波峰或波谷之间的距离。波长可以利用日常的长度单位进行量测,但是在短波部分,两个波峰之间的距离(即波长)很小,对其量测采用极小的长度单位(如 nm、Å,1 Å$=0.1$ nm$=10^{-10}$ m)。

(2)频率:频率指在给定时间内通过某一特定点的波峰的数量,单位为 Hz。

(3)振幅:振幅为电磁波每个峰值的高度。通常用能量水平(光谱辐射度)来衡量,单位可以表示为 W·m^{-2}·μm^{-1}(即能量水平/波长间隔)。

电磁波在真空中的传播速度(c)为一常数,即 299 792 458 m/s。频率(ν)和波长(λ)的关系为 $c=\lambda\nu$,即频率与波长成反比。因此,波长和频率都可以用来描述电磁波的特征。不同的学科、不同的应用有不同的描述习惯,要么用波长,要么用频率。在遥感学科中一般用波长来划分波段。

如果按照电磁波在真空中传播的波长或频率递增或递减顺序排列,则构成电磁波谱(图 2.2)。电磁波谱区段间的界限是渐变的,一般按照产生电磁波或测量电磁波的方法来划分。人们习惯上划分的电磁波区段如图 2.2 所示,主要包括 γ射线、X 射线、紫外线、可见光、红外线、无线电波。人眼可感觉到的电磁波,称为可见光(波长 380~760 nm)(童庆禧 等,2006)。

从电磁波谱上可以看出,电磁波的波长范围非常宽,从波长最短的 γ 射线到最长的无线电波。遥感常用的电磁波段覆盖紫外线到微波波段,而高光谱成像技术一般探测的波段为紫外线到短波红外线(近红外),波长范围为 350~2 500 nm。

2.2.2　高光谱的基本概念

高光谱遥感是遥感学科的一个主要分支,通常是指利用光谱分辨率很高(优于

10 nm)的成像光谱仪,在 350～2 500 nm 波长范围内获取目标地物的电磁波反射,
同时得到目标地物的图像和光谱信息,并对其进行数据处理和结果分析,获得地物
更为详细的物理、化学等信息的一门科学技术。因此,高光谱技术可以借助成像光
谱仪,在紫外、可见光、近红外和中红外区域,获取许多波段区间非常窄且光谱连续
的图像数据,为每个像元提供数十至数百个窄波段光谱信息,每个像元的数据能产
生一条完整而连续的光谱曲线。如图 2.3 所示,是一幅字画的某个点的高光谱
数据。

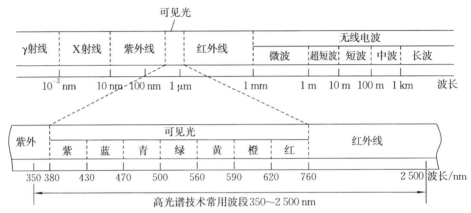

图 2.2　电磁波谱及高光谱技术常用波段

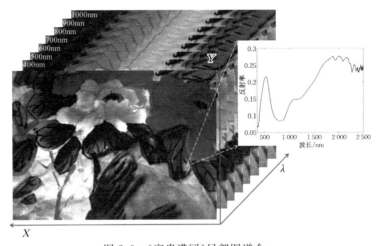

图 2.3　《富贵满园》局部图谱合一

2.2.3　人眼、数码相机与高光谱

　　电磁波的波长范围非常宽,自然环境下电磁波的能量主要集中在可见光近红
外波长附近,其能量来源主要是太阳。对于书画而言,目前主要的观测手段有目

视、数码相机拍照和高光谱成像。其可以探测的波段范围如图 2.4 所示,其中人眼可以感受的电磁波范围与人眼器官的构成有关,一般为 380～760 nm,在该波段范围根据物体吸收和反射一定波长电磁波的现象而在视觉上呈现出色彩。数码相机在书画的数字化保护中已经得到广泛应用,其主要传感器有 CCD(charge-coupled device)和 CMOS(complementary metal-oxide-semiconductor),其感光范围一般覆盖了可见光,性能高的传感器波段范围达到 400～1 000 nm。但是,数码相机一般都是通过滤波等技术,仅获取红、绿、蓝三波段以用于合成彩色。因此,一般得到的彩色图像,数码相机探测的电磁波只有红(640～780 nm)、绿(505～525 nm)、蓝(407～505 nm)三波段,然后通过计算机三原色合成的原理形成多种颜色,这只是模拟人类视觉上的颜色,其实际探测波段有限,并且波段与波段之间不连续。而高光谱成像技术可以探测的光谱范围一般覆盖 350～2 500 nm,以波段连续的方式成像,波段之间光谱覆盖不间断,同时具有极高的光谱分辨率(一般小于 10 nm)。

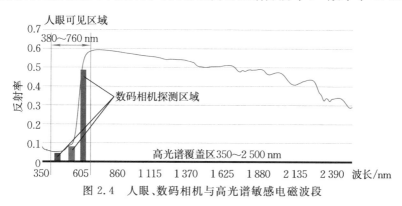

图 2.4　人眼、数码相机与高光谱敏感电磁波段

因此,高光谱成像技术应用于书画的数字化保护中,能够获取比人眼和数码相机这两种常见的观察方法更为丰富的信息,其电磁波反射波段连续,覆盖范围宽,对于画面上颜料等物质的识别具有较大的优势。

2.3　主要仪器

2.3.1　地物光谱仪

地物光谱仪(spectrometer)能够在电磁波紫外线到近红外(350～2 500 nm)的不同波段内获取点状目标物的连续电磁波辐射强度曲线。其光谱分辨率一般高于成像光谱仪,可以用于成像光谱仪的传感器辐射定标,以及用来建立待观测目标物的标准辐射光谱库。地物光谱仪的基本工作原理是通过光导线探头摄取目标物光谱辐射能量,经过电磁波敏感传感器转换为电能(电压或电流),经过模数转换后变成数字信号。

为了测定目标物的辐射光谱,需要测定三类光谱辐射值:①背景光谱,也称暗电流,是指在没有电磁波进入地物光谱仪时传感器本身产生的噪声,取决于仪器的精密程度和环境温度等多种因素;②参考光谱,是指测量标准反射板的光谱辐射能量;③样本光谱,也称目标光谱,指测量目标物的光谱辐射能量。

目标物上某点的光谱反射率(reflectance)可以按照式(2.1)计算,即

$$\rho(\lambda) = \frac{V(\lambda) - D(\lambda)}{V_s(\lambda) - D(\lambda)} \cdot \rho_s(\lambda) \qquad (2.1)$$

式中,$\rho(\lambda)$ 为目标物在波长 λ 下的反射率;$V(\lambda)$ 为测量到的样本光谱,即目标物辐射的仪器测量值;$V_s(\lambda)$ 为参考光谱,即标准板的仪器测量值;$D(\lambda)$ 为背景光谱,即暗电流,为无电磁波进入时的仪器测量值;$\rho_s(\lambda)$ 为标准板的反射率。

标准板可以使用硫酸钡($BaSO_4$)、氧化镁(MgO)或聚四氟乙烯($PTFE$)等材料制成,为近似朗伯体,反射率为已知值。

地物光谱仪的技术相对成熟,国内外都有性能类似的成熟产品,如美国的ASD(Analytical Spectral Device)、SVC(Spectral Vista Corporation)及荷兰的Avantes 等公司的系列地物光谱仪产品。其光谱范围一般都能覆盖 350～2 500 nm,光谱分辨率都优于 10 nm,波段数超过 2 000 个,体积和重量也越来越小。

2.3.2　成像光谱仪

与地物光谱仪相比,成像光谱仪不是在某个"点"上的光谱测量,而是在连续二维空间上进行光谱测量,是能够同时获取观测物光谱和图像的仪器。与传统多光谱遥感相比,高光谱的通道不是离散的而是连续的,从它的每个像元均能提取一条平滑而完整的光谱曲线。因此,成像光谱仪是指能够获取大量窄波段连续光谱图像数据的光谱采集设备。成像光谱仪的特点:一是光谱分辨率高。现在一般都优于 10 nm,性能高的达到 1～2 nm。二是光谱连续。传统的多光谱相邻波段之间波长是不连续的,一般是根据大气窗口、人类视觉特点及地物光谱特征有选择性地设立波段。而成像光谱仪在 350～2 500 nm 的范围内,以一定的采样间隔连续获取辐射光谱,前后相邻波段探测光谱不间断。三是图谱合一。其是指仪器在采集空间图像信息的同时采集每个像素上的光谱信息,在空间上看它是每个波段的二维图像,在每个像素点上不同波段的值又可以形成连续的光谱曲线。

成像光谱仪的成像包括空间维成像和光谱维成像。空间维成像就是通过光谱仪与观测目标之间的相对运动来实现二维空间成像,通常分为摆扫式和推扫式。光谱维成像主要是对输入的电磁波按照一定的波长采样间隔进行分离,将不同波长的电磁波按顺序成像在传感器的像元上。

遥感学科中常见的光谱仪主要应用于航空或航天遥感平台,随着技术进步及

无人飞行器和地面应用的拓展,近年来出现了一系列可以用于无人机和地面的成像光谱仪。基于航空和航天遥感平台的成像光谱仪在前人的论著中多有介绍,本书不再赘述。

在此主要介绍一下目前市场上的用于无人机和地面的成像光谱仪。其中具有代表性的厂商有美国的 SOC 公司、Headwall 公司和 Resonon 公司,挪威的 NEO 公司,加拿大的 ITRES 公司及比利时的 IMEC 公司。国内也有相关单位自行研制高光谱成像仪,如中国科学院的上海技术物理研究所、长春光学精密机械与物理研究所、空天信息创新研究院、光电技术研究所等也开展了相关的研制工作。常见的微小型成像光谱仪型号如表 2.3 所示。

表 2.3　常见的微小型成像光谱仪

名称	产地厂家	光谱范围/nm	波段数	分辨率/nm	信息位长/bit	像素	检测器
SOC710 Enhanced	美国 SOC 公司	400~1 000	520/260 可选	1.2 (可调)	12~16	1392×1392	双阵列 CCD
SOC710 SWIR 短波红外		900~1 700	288	2.75	14	640×568	制冷型阵列 InGaAs
SOC750-HR		2 000~5 000	64	48~73		512×512	InSb 焦平面阵列
HySpex VNIR-1800	挪威 NEO 公司	400~1 000	186	3.26	16	1 800	CMOS 探测器
HySpex ODIN-1024		400~2 500	427	3.0|6.1	16	1024	
HySpex Mjolnir V-1240		400~1 000	200	3	12	1240	
ImSpector V10E-HR	芬兰 SPECIM 公司	400~1 000		2.8	14	1936×1456	

目前高光谱成像仪向微小型、便携性、易用性等方向发展,还根据行业需求发展出一些成套的专用成像系统,如文物系统、显微系统、刑侦系统、叶绿素系统等。在扫描方式上,为了适应地面高光谱技术的应用,分为两种方式:一是内置扫描装置,使高光谱相机在使用上类似普通相机拍照的工作模式;二是外置扫描装置,通过线状运动平台或者旋转平台,模拟遥感中平台和观测目标的相对运动,形成空间上的图像获取。两种方式各有利弊,应根据应用目的选择使用。

在光源的使用上,与遥感中主要利用太阳电磁辐射为能量来源不同,为了适应实验室内及彩绘类文物留存等多种拍摄模式,地面成像光谱仪一般都配置人工光源。因此,地面成像光谱仪光源的设计是影响高光谱数据质量的关键因素,如光源的位置、入射角度、稳压装置性能、光照均匀性、光强,甚至工作地点的电压稳定情况等。光源一般选择在短波红外仍有较好辐射能量的卤素灯、氙气灯等,按照空间上分布一般可以分为双点光源、多点光源及线状光源,地面高光谱光源类别如

图 2.5 所示。

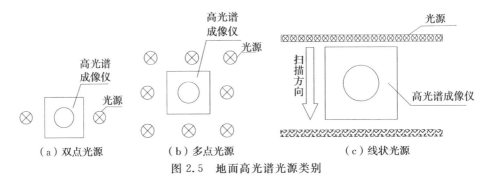

图 2.5　地面高光谱光源类别

　　双点光源一般的做法是采用两台光源,一左一右水平分布在成像光谱仪主光轴两侧,尽量散光,然后利用标准反射板调整入射光的均匀性,其优点是设计简单且工作方便,相对位置和入射角度设置好后随着相机的移动而整体移动,拍摄大面积时不需要每次调整,作业效率高。其缺点是光照的均匀性调整困难,需要后期辐射校正,运算量大。

　　多点光源是增加点状光源的数量,通过调整点光源的分布和入射角度,使目标物上光照强度足够且辐照度差异小。其缺点是空间布局设置困难,光源支撑装置很难与成像光谱仪形成相对位置固定的整体,相机移动时需要重新调整角度。另外其光照太强,发热量大,在文物等领域应用受到限制。

　　线状光源,其优点是光源均匀,强度低,适用于对光的强度、光源功率等有严格限制的应用场景。其缺点是设计和安装麻烦,需要和相机的扫描速度精密配合,不管是外扫描还是内扫描方式,必须保证相机的光轴和光源的方向时刻保持一致。另外,光源到拍摄目标之间的距离受到限制,比上述两种方式都要短,适合近距离的扫描拍摄,其应用范围较窄。

2.4　数据获取

2.4.1　高光谱影像获取

　　地面成像光谱仪同时获取书画的反射光谱和空间图像,其辐射分辨率很高,因此对拍摄环境也有较高要求。为了减少环境光的影响,最好在接近暗室环境下进行,一般采用人工光源来代替太阳光。拍摄方式方面,为保证垂直拍摄,提高拍摄效率,一般需要设计专门的拍摄平台,如图 2.6 所示。书画可以平铺在平台上,高光谱成像仪从上方垂直向下拍摄。为了拍摄幅面较大的书画,该平台上方可以加装直线移动模块来承载成像仪,以实现定量化的平移。

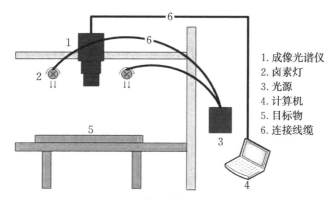

1. 成像光谱仪
2. 卤素灯
3. 光源
4. 计算机
5. 目标物
6. 连接线缆

图 2.6　地面成像光谱仪拍摄平台示意图

成像光谱仪数据采集步骤如下：

（1）准备阶段。架设仪器，连接线缆，检查仪器连接的稳定性。

（2）调整光谱仪位置，主光轴垂直于书画平台，保证数据采集工作为垂直拍摄，减少倾斜角度带来的误差。

（3）仪器通电，检查与计算机连接的情况，检查光源系统。

（4）预热 10 分钟后，调整光源系统，使灯光尽量均匀照射在拍摄平台上。

（5）放置标准条纹图案，调整焦距保证采集的图像足够清晰。

（6）调整曝光时间。标准反射板放置于拍摄平台，其中心与镜头中心重合。采集标准反射板数据；在标准反射板中心位置放置灰板，保证灰板与标准反射板有重叠的区域，采集灰板数据。标准反射板和灰板，如图 2.7 所示。

（7）观察标准反射板原始数据，要求其像元亮度值（digital number，DN）满足要求，防止曝光饱和或曝光不足。如果不满足要求，返回第（6）步。

（8）关闭光源，盖上镜头，采集背景光谱数据。

（9）放置书画，采集光谱影像。每过半个小时返回第（6）步。

图 2.7　标准反射板和灰板

2.4.2　点状反射光谱数据获取

便携式地物光谱仪可以快速获取点状目标物的电磁波反射光谱，覆盖可见光谱到近红外光谱,一般波长范围为350～2 500 nm。与成像光谱仪获取数据环境类似,数据采集尽量在暗室中进行,以避免外界光的影响。光源一般采用卤素灯,其光谱接近于太阳光。通常书画表面符合点状光谱采集条件的感兴趣区域面积较小,因此有时需要直接将地物光谱仪的光纤取出,配合使用手枪式把手(图2.8),在卤素灯的照明下进行光谱数据采集。

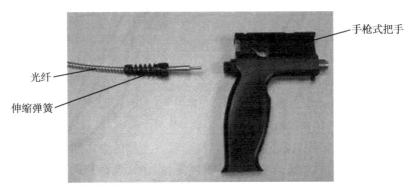

图2.8　光纤与手枪式把手连接

地物光谱仪采集点状光谱数据步骤如下:

(1)准备阶段:打开仪器预热15分钟,连接网络,架设光源。

(2)调整光源:调整光源系统,将灯光均匀照射在拍摄平台上。

(3)白板校正:仪器预热后,每隔30分钟,或在光照发生变化后,需要重新进行白板校正。

(4)数据采集:对书画表面具有不同视觉颜色的区域分别进行采集,采集点尽量在书画表面均匀分布;取出光纤测量时,光纤头距离目标的高度不超过被测目标直径的2倍;同一点采集上、下、左、右4个方向的光谱数据,后续进行平均(减少误差)以作为该点的光谱数据,并在彩色影像上标记位置和光谱序号。

(5)数据检查:检查所测光谱曲线是否出现波长漂移、反射率过低或者噪声过大等问题,如果出现,应及时重新测量。

2.4.3　彩色数字影像获取

彩色数字影像具有较高的空间分辨率和色彩保真度,是书画数字化存档的主要内容。拍摄时要确保获取的数据质量,减少画面畸变、分辨率不足、色彩失真等问题,拍摄平台可采用高光谱影像数据获取一节所述的拍摄平台,相机从上方垂直向下拍摄,在高清成像时,采样分辨率不小于300 dpi,横向重叠度不少于60%,纵向重叠度不少于30%,同时要获取标准色卡数据,用于后期的色卡校正,如图2.9所示。

数字影像数据采集步骤如下:

（1）设备检查。采集前检查设备,调整相机相关参数。

（2）架设设备。相机主光轴垂直于书画平台,保证数据采集工作为垂直拍摄,减少倾斜角度带来的误差。

（3）调试灯光。在使用灯光时,需要选择带有柔光罩的闪光灯、带柔光板的LED 常亮灯等外置光源。外置光源要求具有高显色性（CRI＞96）、稳定的色温（5 500 K±550 K）。

（4）色卡的拍摄。按色卡摆放标准放置色卡,采集色卡 RAW 格式的照片。

（5）数字影像的拍摄。拍摄过程采取 Z 字形移动,空间分辨率不小于 300 dpi,左右重叠度不小于 60%,上下重叠度不小于 30%。数字影像采集如图 2.9 所示。

（6）数据检查。对采集的每景照片进行检查,查看是否有漏拍、影像质量不佳的情况,出现问题后需要及时补拍。

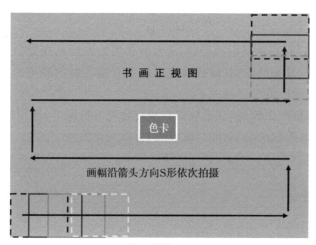

图 2.9　数字影像采集示意图

2.5　数据预处理

2.5.1　高光谱影像反射率校正

不同的物质具有不同的光谱反射率,因此电磁波反射率是识别目标物的重要特征。而高光谱成像光谱仪采集的数据是辐射亮度相对于传感器凝视时间的积分,反映的是在一定时间内传感器收集到的单位面积、单位立体角的电磁波辐射能量的大小。该信号经过模数变换后形成辐射采样数值（DN）,除了目标本身辐射信息外,还叠加了仪器噪声和环境噪声等。因此,一般需要将高光谱成像光谱仪获取的原始数据转换成反射率（范冬娟 等,2006）。另外,书画的高光谱影像数据获取多数情况距离都很近,因此,一般不需要再进行大气辐射校正。

为了重建目标的反射率数据,需要获取两类数据。一类是标准反射板的高光谱成像数据,要求在数据获取时以同样的环境和光照条件,获取已知反射率的标准反射板的高光谱影像,在采集过程中要设置好曝光时间和光圈,尽量让白板 DN 值较高并要防止出现过曝,以保证被测物体的 DN 值落在 CCD 响应较好的范围内。另一类是背景光谱数据,指在没有电磁波进入成像光谱仪传感器时,仪器自身产生的噪声数据,为了避免有光线进入镜头,现场关闭光源并盖上镜头盖,然后采集仪器的背景光谱数据。

1. 直接校正法

当标准反射板能够覆盖整幅图像时,可以直接采用标准反射板校正的方法(一般使用白板,默认白板反射率接近 100%),其公式为

$$R = \frac{S - D}{W - D} \cdot r_{ref} \tag{2.2}$$

式中,R 为校正后高光谱反射率影像,S 为所采集的原始高光谱数据,W 为标准反射板数据,D 为背景光谱数据(即成像光谱仪没有输入时的噪声影像),r_{ref} 是标准反射板的反射率标称值。

如果仪器的信噪比较高,在系统参数设置合理的情况下,使用标准反射板作为参考板,背景光谱的值忽略不计时,式(2.2)可以简化为

$$R = \frac{S}{W} \cdot r_{ref} \tag{2.3}$$

2. 经验线性法

经验线性法适用于测量距离较远、所测面积较大、标准反射板无法全部覆盖整幅图像的情况。其校正公式为

$$R = a \times S + b \tag{2.4}$$

式中,R 为校正后高光谱反射率影像;S 为所采集的原始高光谱 DN 值;a 和 b 是校正系数,可以利用多块参考板的 DN 值及其已知反射率,通过最小二乘法求解。这种方法至少需要两个已知反射率的参考板,不同反射率的标准反射板越多,求出的系数越准确。

2.5.2　光谱数据平滑

成像光谱仪的材质、获取数据时的抖动、外部电磁波传入及背景光谱等因素,会导致反射率转换后的光谱曲线出现"毛刺",而这些噪声在一定程度上会掩盖光谱本身的吸收特征(黄明祥 等,2009)。因此,利用光谱平滑算法去除这些噪声是高光谱曲线分析的关键,使用平滑后的光谱曲线和标准曲线进行匹配识别可以提高准确率。对像元光谱平滑的目的就是消除由外界因素引起的随机误差,并且保

留光谱曲线基本形态。平滑的基本思路是:在平滑点的前后一定范围内选点,并进行"平均"或者"拟合",作为平滑后的反射率值。

1. 移动平均算法

移动平均算法就是按照给定的窗口宽度,在原始光谱曲线上计算该窗口范围内波段的反射率平均值,用该平均值代替该窗口中心波段的反射率值,然后将窗口平移一个波段,依次修改所有波段的反射率值(陈铭涛 等,2014)。

$$r'_n = \frac{(r_{n-m} + \cdots + r_n + \cdots + r_{n+m})}{2m+1} \tag{2.5}$$

式中,r_n 是窗口中心波段反射率,r'_n 是窗口中心波段平滑后的反射率,$2m+1$ 是平滑的窗口宽度。该方法的关键在于窗口的大小选择,窗口过大将会令曲线更加趋于平滑,但有可能损失某些微小特征,反之,过小的窗口会导致平滑效果并不明显。

2. Savitzky-Golay 多项式拟合算法

Savitzky-Golay 多项式拟合算法由 Savitzky 和 Golay 两人提出(蔡天净 等,2011),是一种在一定宽度内基于多项式最小二乘法拟合的平滑去噪滤波方法。假设光谱曲线反射率值为 w_i,连续取 $2m+1$ 个值,即 $i=-m,\cdots,0,\cdots,m$,构成一个 $n(n \leqslant 2m+1)$ 阶多项式来拟合这一组曲线。

$$P(x) = \sum_{k=0}^{n} a_k x^k \tag{2.6}$$

将每一个点的横坐标代入多项式,当所求值与原纵坐标的差值平方和最小时,即可得到拟合度最好的曲线,然后确定多项式的系数,最后将中间值 w_0 代入多项式,求得趋势值 r'_0,代替原来的反射率值。这种平滑算法的特点在于平滑数据的同时确保信号形状不变(Jiang et al,2013)。在实际计算过程中,可以根据 Savitzky-Golay 系数表来快速求取不同窗口宽度的系数值。

3. 快速傅里叶变换平滑法

光谱曲线也可以利用快速傅里叶变换(fast Fourier transform,FFT)平滑法进行滤波。其过程为,先利用 FFT 滤波算法将待处理的光谱由时域变换到频域,在频域分离噪声与目标信号,设计低通滤波器抑制高频噪声,然后再通过 FFT 反变换将滤波后的频率域信号转变为滤波后的时域光谱信息,最后得到滤波后的光谱曲线(朱芸 等,2002)。

傅里叶变换是信号处理分析的重要算法,光谱信号 $r(i)$ 的傅里叶变换表达式为

$$R(k) = \sum r(i) W_N^{ik} \quad (k=0,1,\cdots,N-1), \quad W_N^{ik} = e^{-2\pi ki} \tag{2.7}$$

FFT 充分利用 W_N^{ik} 的对称性和周期性,采用 FFT 按序列将原始序列抽取分解成短序列,并与离散傅里叶变换适当结合,达到减少乘法运算、简化运算量的目的。

2.5.3　正射影像制作

彩色数字影像经过色彩校正和几何校正后,可以形成颜色保真度和几何变形都控制在允许误差范围内的正射影像,是书画数字化存档和展示流通的重要形式。制作正射影像一般分为色彩校正和正射投影两步。色彩校正主要是获取标准色卡照片,利用相关软件,对获取的数字彩色影像进行色彩校正,消除色彩偏差,保证正射影像制作在后一幅影像上不会出现视觉上的色差。正射投影主要利用摄影测量的原理,利用照片进行匹配,生成密集点云,然后生成网格和纹理,在指定的投影面上导出正射影像。

1. 色彩校正步骤

(1)打开色彩校正软件 Adobe Lightroom,导入照片。

(2)建立校正文件:将色卡照片中色卡部分裁剪出来,导入裁剪后色卡照片,如图 2.10 所示。

(3)在菜单中选择"文件"→"预设导出"→"ColorChecker Passport"。则"ColorChecker Passport"插件会自动运行,并自动找到图像中 24 个色块的位置,生成色彩配置文件。

(4)重启 Adobe Lightroom,该软件可以识别到新生成的配置文件。

(5)色彩校正:在"相机校正"配置文件列表中,选择生成的相机配置文件。

(6)根据白板和色卡进行调色。同一批拍摄的影像可以复制设置,进行批量校正。

(7)导出调整后的照片。

图 2.10　色卡照片裁剪

2. 正射投影处理步骤

（1）添加照片。打开 Photoscan 软件，添加"块"。目标照片数目较多时，可根据需要将一定区域分为多个块，一般每块不超过 150 张照片，需要拼接的堆块之间的照片，要有一个航带重叠区域。

（2）添加控制。在模型上标靶中心或特征控制点位置用鼠标右键创建标记，然后在左侧标记列表中输入标记的 X、Y、Z 坐标值。至少 4 个控制点，3 个用于计算，1 个用于检核，有较多控制点时可随时剔除掉误差（错误）值较大的控制点。要求每个控制点保证有不少于 3 景影像同时覆盖。

（3）对齐照片。需要批处理时，可一次完成多个堆块导入，一般精度选择"高"。

（4）生成密集点云。一般按需要生成密集点云。在生成密集点云前，必须调整区域大小使之大于物体范围。可以适当删除部分噪声，不确定是否为噪声的可以先不删除。

（5）生成网格表面。类型选"任意"，源数据选"密集点云"，多边形数据根据需要选择合适的等级，面数建议选"高"。

（6）生成纹理。纹理的生成直接与彩色模型相关，可根据需要调整纹理大小。一般选择默认的"4096"，但可以根据需求增加倍数。

（7）导出正射影像。正射影像导出可以在控制点添加后进行。如果存在控制点，直接导出正射图即可。如果没有控制点，可根据需要调整模型当前视图内的位置，导出正射图时选择当前视图即可，导出的正射图大小可以自行设置，X、Y 方向可根据工作窗口右下角坐标轴判定。

第3章　高光谱数据处理方法

高光谱影像具有光谱连续、光谱分辨率高、图谱合一、数据量大等特点,其处理方法有别于数字图像处理和一般遥感图像处理方法。

本章主要介绍常应用于彩绘类文物数字化保护的高光谱数据处理技术,包括光谱特征提取、特征波段选择、光谱特征增强、光谱匹配、高光谱图像分类及混合像元分解等。

3.1　光谱特征提取

目前,常见的商业地面成像光谱仪的波段数一般能达到几百个,有的甚至达到上千个。众多的波段携带了丰富的信息,同时高维数据的处理也带来了新的挑战。高光谱数据相邻波段之间存在很强的相关性,存在数据冗余现象,而且其数据量较大,为图像的处理和信息的提取带来了压力,导致计算机处理负荷大幅增加。另外,光谱分辨率的不断提高,导致光谱维越来越高,在后续的分类等处理中由于很难获得足够多的训练样本,高维波段特征不可避免会导致“维数灾难”(也称为Hughes现象)的问题。因此,其中一类重要的处理方法就是对高光谱数据降维,以压缩数据量,减小计算机处理负荷;同时,优化高光谱图像特征。

高光谱数据降维主要利用低维数据来表达高维数据的信息,在压缩数据量的同时也为信息提取提供优化的特征。高光谱数据降维的方法主要分为特征提取和波段选择两类(张兵,2016)。

光谱特征提取是通过某种数学变换,将原始高维光谱空间或者其子空间映射或变换到优化的特征空间,然后依据一定的准则选取变换后的前 m 个特征作为降维之后的 m 个成分,从而实现数据降维。光谱特征提取可以实现信息综合、特征增强和光谱降维。光谱特征提取过程如图 3.1 所示。

图 3.1　光谱特征提取过程示意图

其中原高光谱图像含有波段 $(x_1, x_2, \cdots, x_n)$,经过 $Y = F(x_1, x_2, \cdots, x_n)$ 数学变换,并按照一定策略选择其中的 m 个特征,一般情况下满足 m 小于 n 的条件,这样的过程称为光谱特征提取。在彩绘类文物应用中,常见的光谱特征提取方法包括主成分分析法、最小噪声分离法等。

3.1.1　主成分分析

主成分分析(principal component analysis,PCA)是一种经典的高维数据降维方法,在遥感中常用于高光谱数据的特征提取。该方法是基于信息量的一种正交线性变换,主要是采用线性投影的方法将数据投影到新的坐标空间中,从而使得新的分量按照信息量从大到小依次分布,并且变换后的各成分相互独立。主成分分析信息量的衡量标准是数据的方差。主成分分析可用变换矩阵表示为

$$\begin{bmatrix} y_1 \\ y_2 \\ \vdots \\ y_n \end{bmatrix} = \begin{bmatrix} a_{11} & a_{12} & \cdots & a_{1n} \\ a_{21} & a_{22} & \cdots & a_{2n} \\ \vdots & \vdots & & \vdots \\ a_{n1} & a_{n2} & \cdots & a_{nn} \end{bmatrix} \begin{bmatrix} x_1 \\ x_2 \\ \vdots \\ x_n \end{bmatrix} \qquad (3.1)$$

式中,$\begin{bmatrix} x_1 & x_2 & \cdots & x_n \end{bmatrix}^T$ 为变换前的 n 维向量;$\begin{bmatrix} y_1 & y_2 & \cdots & y_n \end{bmatrix}^T$ 为变换后的 n 维向量;$\begin{bmatrix} a_{11} & a_{12} & \cdots & a_{1n} \\ a_{21} & a_{22} & \cdots & a_{2n} \\ \vdots & \vdots & & \vdots \\ a_{n1} & a_{n2} & \cdots & a_{nn} \end{bmatrix}$ 为变换矩阵,由原始图像的协方差矩阵的特征向量组成(张良培 等,2011)。按其对应特征值由大到小排序,重新排列而成。

从主成分分析式(3.1)可以得知,其变换过程主要是变换矩阵的计算,主要过程为:根据原始高光谱图像计算协方差矩阵,由特征方程求出协方差矩阵的各特征值,将各特征值按从大到小排序,求出对应的特征向量,按照顺序构成变换矩阵。然后,就可以利用式(3.1)计算出 PCA 变换后的各成分。根据图像处理的需要选择前 m 个成分,一般情况下 m 远小于原高光谱图像的波段数 n,从而实现了从 n 维高光谱图像向 m 维主成分图像的变换。

主成分分析在多光谱图像、高光谱图像的特征提取中得到了广泛的应用,包括在彩绘类文物的隐含信息提取、信息增强等方面。但同时也应当看到,主成分分析在某些实际应用中受到一些局限。例如,所感兴趣的信息恰好集中在被舍弃的成分图像中。另外,变换后的各成分并不像原高光谱图像各波段一样具有明确的物理意义。因此,国内外提出了一些改进的 PCA 方法,以期得到更好的特征提取结果。

3.1.2　最小噪声分离

最小噪声分离(minimum noise fraction,MNF)变换,是另外一种常见的高光谱数据特征提取方法,也可以看成是对经典 PCA 的一种优化方法(Amato et al,

2009；Nielsen，2011）。MNF 主要采用信噪比（SNR）或噪声比例对图像进行变换，变换之后的图像按照图像质量排列，其运算过程主要经由两次矩阵运算完成。第一次运算是利用高通滤波来估算噪声协方差矩阵 $\boldsymbol{\Sigma}_N$，对其进行对角化得到矩阵 $\boldsymbol{D}_N$，运算公式为

$$\boldsymbol{D}_N = \boldsymbol{U}_N^T \boldsymbol{\Sigma}_N \boldsymbol{U}_N \tag{3.2}$$

式中，$\boldsymbol{D}_N$ 是 $\boldsymbol{\Sigma}_N$ 的特征值按照大小降序排列而成的对角矩阵，$\boldsymbol{U}_N$ 是由 $\boldsymbol{\Sigma}_N$ 的单位特征向量组成的正交矩阵，N 是波段数。通过进一步变换，得

$$\boldsymbol{I} = \boldsymbol{P}^T \boldsymbol{\Sigma}_N \boldsymbol{P} \tag{3.3}$$

式中，$\boldsymbol{I}$ 是单位矩阵，$\boldsymbol{P} = \boldsymbol{U}\dfrac{1}{\sqrt{\boldsymbol{D}_N}}$ 为变换矩阵。影像数据 $\boldsymbol{X}$ 通过 $\boldsymbol{Y} = \boldsymbol{P}\boldsymbol{X}$ 进行运算，得到新的数据 $\boldsymbol{Y}$，从而对原始数据 $\boldsymbol{X}$ 中的噪声进行了分离和调节，使得变换后的数据 $\boldsymbol{Y}$ 只保留最小方差，波段之间不再具有相关性。

第二次运算是对噪声白化数据进行标准主成分变换，其公式为

$$\boldsymbol{\Sigma}_{D\text{-adj}} = \boldsymbol{P}^T \boldsymbol{\Sigma}_D \boldsymbol{P} \tag{3.4}$$

式中，$\boldsymbol{\Sigma}_D$ 是原始数据影像 $\boldsymbol{X}$ 的协方差矩阵，$\boldsymbol{\Sigma}_{D\text{-adj}}$ 是经过 $\boldsymbol{P}$ 变换后（噪声调整后）的协方差矩阵。

再进行进一步变换为对角矩阵，即

$$\boldsymbol{D}_{D\text{-adj}} = \boldsymbol{V}^T \boldsymbol{\Sigma}_{D\text{-adj}} \boldsymbol{V} \tag{3.5}$$

式中，$\boldsymbol{D}_{D\text{-adj}}$ 是 $\boldsymbol{\Sigma}_{D\text{-adj}}$ 的特征值按照大小降序排列而成的对角矩阵，$\boldsymbol{V}$ 是由 $\boldsymbol{\Sigma}_{D\text{-adj}}$ 的单位特征向量组成的正交矩阵。

通过以上两次矩阵运算得到 MNF 的变换矩阵，即

$$\boldsymbol{T}_{MNF} = \boldsymbol{P}\boldsymbol{V} \tag{3.6}$$

由上可见，MNF 变换是一种正交变换，变换后各影像分量之间互不相关，并且运算结果将原始数据中的信息集中到变换后的前几个波段，波段信息量随波段数的增加而减小，按照信噪比从大到小依次排列。

MNF 变换方法是 PCA 变换的优化。PCA 变换后的各成分图像按照方差（信息量）从大到小排序，但该变换对噪声比较敏感。当某噪声方差大于信号方差或噪声在图像各波段分布不均匀时，PCA 变换后的各成分图像尽管按照信息量排序，但其图像质量（信噪比）却不一定高。MNF 变换方法按照信噪比排序，降低了噪声的影响。传统 MNF 变换以空间域方式来进行噪声协方差矩阵的估计，难免存在误差。为此，高连如等(2013)提出了优化的 MNF 方法，在高光谱图像全图空间维和光谱维上评估噪声协方差矩阵，能够提高原始 MNF 变换的数据降维和噪声分离效果。

3.1.3　拉普拉斯特征映射

上述的 PCA 和 MNF 都是基于线性变换的特征提取方法，主要适用于数据空

间分布是线性结构的降维过程。而在高光谱数据中,同类观测目标的光谱相似,这些相似数据在高维空间会聚成一个数据云团,不同类型观测目标的高光谱数据则会在原始数据空间中形成多个大小不一的云团,它们空间上可区分,但却不是线性分布的。因此,高光谱数据内在的非线性特征使得非线性降维方法的研究成为近年来的热点(杜培军 等,2011)。

拉普拉斯特征映射(Laplacian eigenmap, LE)是一种流形学习的非线性降维方法,在数据从高维转换为低维的过程中,能够保留数据嵌入流形的局部特征,即在原始数据高维空间中距离很近的样本点映射到低维空间后仍然能保持邻近的特征。LE 的基本原理是:若样本是从嵌入在原始高维空间中低维流形上均匀采样,则流形上的拉普拉斯-贝尔特拉米算子可以由邻域图的拉普拉斯矩阵来逼近。而邻域图的拉普拉斯矩阵最小特征值所对应的特征向量就是对流形上拉普拉斯-贝尔特拉米算子特征函数的离散逼近。因此,LE 是通过极小化目标函数得到低维嵌入坐标的,是一种典型的局部流形降维方法(钱进 等,2012)。

若将高光谱数据表示为二维矩阵 $\boldsymbol{X} = \begin{bmatrix} x_1 & x_2 & \cdots & x_p \end{bmatrix}^{\mathrm{T}} \in \mathbf{R}^n$,式中 x_i 对应高光谱数据中一个像素点,p 和 n 分别为像素点总数和波段总数;假设 LE 流形坐标 $\boldsymbol{Y} = \begin{bmatrix} y_1 & y_2 & \cdots & y_p \end{bmatrix}^{\mathrm{T}} \in \mathbf{R}^m$,式中 m 为流形坐标的维数(孙伟伟 等,2015)。一般 $m < n$,即通过 LE 映射将 n 维数据空间变换为 m 维数据空间,实现了高光谱数据的降维。

假设每个像素点在高维空间与周围像素点构成 k 邻域,其中 k 为邻域大小,LE 降维可分为以下三个步骤(Belkin et al,2003)。

1. 构造邻接图

邻接图中的节点包含所有的高光谱像素点,其局部特性由邻近点之间的两两距离表示,则可以利用像素点 i 和 j 的欧氏距离构建邻域。如果 j 是 i 的 k 邻域中的一个点,则两点相邻存在有向边,并且边长为两者间的欧氏距离;否则,两者距离为 0。而如何定义某点的 k 邻域,有两种情况:

(1)ε 邻近。给定一个距离阈值 ε,称节点 i 和 j 相邻,当且仅当 $\|x_i - x_j\|^2 < \varepsilon$,其中 2 范数 $\| \ \|^2$ 一般可以选择在高光谱数据空间域 $\mathbf{R}^n$ 上的欧氏距离。

(2)k 邻近。给定一个邻接节点阈值 k,称节点 i 和 j 是 k 邻近的,当且仅当节点 i 是距离节点 j 最近的 k 个节点中的一个,或者节点 j 是距离节点 i 最近的 k 个节点中的一个。

2. 建立加权邻接矩阵

计算节点 i 和 j 之间的权重系数,得到权重矩阵 $\boldsymbol{W}$,有两种权重构建方法。

(1)热核权重。给定参数 t,权重的公式为

$$W_{ij} = \begin{cases} e^{-\frac{\|x_i - x_j\|^2}{t}}, & i \text{ 和 } j \text{ 相邻} \\ 0, & i \text{ 和 } j \text{ 不相邻} \end{cases} \tag{3.7}$$

(2)二值权重。当节点 i 和 j 相邻时,$W_{ij}=1$,否则,$W_{ij}=0$。

3.特征映射

假设按照以上步骤已经建立好连接的图 G,则特征映射可以归结为一个针对计算特征值和特征向量的广义特征值问题,即

$$Lf = \lambda Df \tag{3.8}$$

式中,D 是图 G 的对角权重矩阵,为实对称矩阵,$D_{ii}=\sum_{j=1}^{k}W_{ij}$;$L=D-W$ 称为图 G 的拉普拉斯矩阵,即实对称矩阵;λ 为拉普拉斯矩阵 L 的特征值;f 为拉普拉斯矩阵 L 的特征向量。

设 $f_0,f_1,\cdots,f_{n-1}$ 是式(3.8)对应于其特征值的解,即

$$Lf_0 = \lambda_0 Df_0$$
$$Lf_1 = \lambda_1 Df_1$$
$$\vdots$$
$$Lf_{n-1} = \lambda_{n-1} Df_{n-1}$$
$$0 = \lambda_0 \leqslant \lambda_1 \leqslant \cdots \leqslant \lambda_{n-1}$$

去除特征值为零的特征向量,依次选择 m 个特征向量构成降维后的 m 维的欧几里得特征空间,即

$$x_i \rightarrow (f_1(i), f_2(i), \cdots, f_m(i)) \tag{3.9}$$

则拉普拉斯特征映射将原始的 n 维高光谱数据空间变换到 m 维的特征空间,并且 m 小于 n。

3.2　特征波段选择

特征波段选择(或称特征选择)和特征提取一样,也是一种非常重要的高光谱数据降维方法。它根据一定的准则或搜索策略直接从高光谱数据的光谱波段中选出合适的波段组合,形成一个波段子集,并保证该子集能够尽量多地保留原始数据的主要光谱特征或者提高原始数据的地物类别可分性,也就是说要按照一定的标准选择一个最优的波段组合。其降维过程如图 3.2 所示。

图 3.2　特征波段选择过程示意图

设原高光谱图像含有 n 个波段,可以表达为 $(x_1,x_2,\cdots,x_n)$,其中 x_i 表示高光谱的第 i 个波段,则特征波段选择就是按照某种准则或搜索策略从中挑选一些波段的组合,如 $(x_a,x_b,\cdots,x_t)$,挑选出的波段数量是 m,并且满足 m 小于 n 的条件,

则这 m 个波段构成波段选择后新的特征空间。

特征波段选择问题实际上是一个组合优化问题,选择波段组合的标准也称为评价函数或者目标函数。目标函数在特征波段选择中非常重要,能够直接影响选择到的波段子集的质量。

特征波段选择方法最主要的环节包括目标函数(评价函数)和搜索策略。

3.2.1　特征波段选择目标函数

1. 信息熵与联合熵

一幅 n bit 量化的图像 X 的信息量可以用熵 H 来表示,如

$$H(X) = -\sum_{i=0}^{2^n-1} P(i)\log_2 P(i) \tag{3.10}$$

式中,X 为要处理的图像,H 为图像 X 的熵,$P(i)$ 为图像像元灰度值为 i 的概率,n 为图像的量化位数,i 为图像的灰度等级。

图像的熵反映了图像中所包含信息量的多少。熵值越大,表明图像所包含的信息量越多,图像质量越好。因此,对高光谱特征波段选择而言,可以视其为给定数量波段的联合熵最大化的求解问题。其中多个波段的联合熵用来衡量图像的信息量大小。具有 m 个波段的高光谱图像的联合熵可以表示为(牛琨 等,2014)

$$H(X_1,\cdots,X_m) = -\sum_{x_1}\cdots\sum_{x_m} P(x_1,\cdots,x_m)\log_2 P(x_1,\cdots,x_m) \tag{3.11}$$

式中,$P(x_1,\cdots,x_m)$ 为图像 X 中像素灰度为 $x_1,\cdots,x_n$ 的联合概率。对所有可能的波段组合计算其联合熵,并按照从大到小的顺序进行排列,选择最佳波段则特征波段选择问题就得到解决(苏红军 等,2008)。

2. 最佳波段指数

图像数据的标准差越大,所包含的信息量也越大,而波段间的相关系数越小,各波段图像数据的独立性越高,信息的冗余度就越小。美国查维斯(Chavez)提出最佳指数因子(optimum index factor,OIF)的概念,可以根据 OIF 来选择 Landsat 卫星多光谱扫描仪(multi-spectralscanner,MSS)数据的最优波段组合(Chavez et al,1982)。将其波段数进行扩展,可用于高光谱的波段选择。设高光谱影像有 n 个波段参加组合,则最佳指数因子为

$$OIF = \sum_{i=1}^{n} S_i \bigg/ \sum_{i=1}^{n}\sum_{j=i+1}^{n} |R_{ij}| \tag{3.12}$$

式中,OIF 为 n 个波段组合的最佳指数因子,S_i 为第 i 个波段的标准差,R_{ij} 为第 i 和第 j 波段的相关系数。

对于高光谱影像,计算其 n 个波段相关系数矩阵,分别求出 n 个波段所有可能对应的 OIF。OIF 越大,则相应组合图像的信息量越大。对 OIF 按照从大到小的顺序进行排列,最大 OIF 对应的波段组合即为最优波段组合(赵春晖 等,2007)。

3. 类别间的可分性度量

除了以上基于信息量度量的目标函数外,还有根据类别间可分性度量的目标
函数。在进行高光谱图像分类时,往往需要分析不同地物类别之间在哪些波段或
组合波段上最容易区分。其思想是求取已知类别样本区域间在各波段或波段组合
上的统计距离,取距离极大值所属的波段组合,作为区分已知类别的最佳波段组
合。常见的可分性度量包括归一化均值距离、巴塔恰里亚(Bhattacharyya)判据
(以下简称为 B 判据)、离散度等。

1)归一化均值距离

归一化均值距离被定义为均值之差的绝对值除以标准差之和,如式(3.13)所
示,即

$$d = \frac{|\mu_1 - \mu_2|}{\sigma_1 + \sigma_2} \tag{3.13}$$

式中,μ_1、μ_2 分别为两个类别样本在某个波段的均值;σ_1 和 σ_2 为两个类别样本的
标准差;d 是类间均值标准距离,反映了两类样本在该波段的可分性大小。

2)巴塔恰里亚判据

B 判据是根据类别间的概率密度函数的重叠程度来度量可分性而提出的一种
可分性判据,其定义为

$$J_B = -\ln \int_{\boldsymbol{\Omega}} \left[P(\boldsymbol{x} \mid \omega_1) P(\boldsymbol{x} \mid \omega_2) \right]^{\frac{1}{2}} d\boldsymbol{x} \tag{3.14}$$

式中,$\boldsymbol{x} = [x_1 \ x_2 \ \cdots \ x_n]^T$ 是样本向量,ω_1 和 ω_2 是待分的两个类别,$P(\boldsymbol{x} \mid \omega_1)$ 和
$P(\boldsymbol{x} \mid \omega_2)$ 分别为两个类别 ω_1 和 ω_2 的概率密度,$\boldsymbol{\Omega}$ 为特征空间。

在最小误判概率准则下,最小误判概率为

$$P_0 \leqslant \left[P(\omega_1) P(\omega_2) \right]^{\frac{1}{2}} e^{\exp[-J_B]} \tag{3.15}$$

3)离散度

离散度表征了两类地物之间的可分性,与 B 判据类似,也是基于类别间的概
率密度函数构造出来表示可分性的准则。其定义为

$$J_D = I_{12}(\boldsymbol{x}) + I_{21}(\boldsymbol{x}) \tag{3.16}$$

其中

$$I_{12} = \int_{\boldsymbol{\Omega}} P(\boldsymbol{x} \mid \omega_1) \ln \frac{P(\boldsymbol{x} \mid \omega_1)}{P(\boldsymbol{x} \mid \omega_2)} d\boldsymbol{x} \tag{3.17}$$

代表类别 ω_1 相对 ω_2 类别的平均可分性信息。同样有

$$I_{21} = \int_{\boldsymbol{\Omega}} P(\boldsymbol{x} \mid \omega_2) \ln \frac{P(\boldsymbol{x} \mid \omega_2)}{P(\boldsymbol{x} \mid \omega_1)} d\boldsymbol{x} \tag{3.18}$$

代表类别 ω_2 相对 ω_1 类别的平均可分性信息。式中,$\boldsymbol{x} = [x_1 \ x_2 \ \cdots \ x_n]^T$ 是样本
向量,ω_1 和 ω_2 是待分的两个类别,$P(\boldsymbol{x} \mid \omega_1)$ 和 $P(\boldsymbol{x} \mid \omega_2)$ 分别为两个类别 ω_1 和

ω_2 的概率密度，$\boldsymbol{\Omega}$ 为特征空间。

式（3.16）可以展开为式（3.19），即

$$J_D = \int_{\boldsymbol{\Omega}} [P(\boldsymbol{x} \mid \omega_1) - P(\boldsymbol{x} \mid \omega_2)] \ln \frac{P(\boldsymbol{x} \mid \omega_1)}{P(\boldsymbol{x} \mid \omega_2)} \mathrm{d}\boldsymbol{x} \tag{3.19}$$

离散度判据中被积函数两概率密度函数之差和之比都能反映两概率密度的重叠程度。

3.2.2　特征波段选择搜索策略

根据高光谱数据自身的特点，在选择搜索策略和准则时应当遵循的原则有：尽可能选择信息量大的波段组合；尽可能选择相关性小的波段组合；各类地物之间的光谱曲线差异尽可能大（高阳，2013）。

高光谱数据波段选择根据搜索策略的不同分成三种不同类型，即穷举搜索法、启发式搜索法和随机搜索法三种。

1. 穷举搜索法

穷举搜索法就是对特征波段的所有可能组合都进行计算，求目标函数全局极大值所在的波段组合作为特征波段选择结果，它保证得到的特征波段组合是全局最优的。

穷举搜索法尽管可以保证全局最优，但实际上应用较少。其原因在于该方法的搜索量与总的波段数 n 呈指数增长关系，其搜索空间为 $O(2^n)$，当 n 较大时，需要搜索的数目将急剧增加。

2. 启发式搜索法

针对穷举搜索法搜索空间为指数级的问题，有学者提出了启发式搜索法，在搜索过程中依据某种次序不断向当前特征子集中添加或剔除特征，从而获得优化特征子集。比较典型的启发式搜索算法有单独最优特征组合、前向后向搜索、浮动搜索、双向搜索、序列向前和序列向后算法等。这类方法较容易实现，计算复杂度是 $O(n^2)$，相对较小，但容易陷入局部最优。一般认为采用浮动广义后向选择方法是较为有利于实际应用的一种特征选择搜索策略，它既考虑特征之间的统计相关性，又用浮动方法保证算法运行的快速稳定性。启发式搜索策略虽然效率高，但是它以牺牲全局最优为代价（姚旭 等，2012）。

3. 随机搜索法

随机搜索法由随机产生的某个候选特征子集开始，依照一定的启发式信息和规则逐步逼近全局最优解。例如，遗传算法、模拟退火算法、粒子群算法和免疫算法等，这类算法虽然搜索空间仍为 $O(2^n)$，但是可以通过设置最大迭代次数限制搜索空间使之小于 $O(2^n)$。例如遗传算法，由于采用了随机搜索策略，它的搜索空间远远小于 $O(2^n)$。

但也存在一些问题，如具有较高的不确定性，只有当总循环次数较大时，才可

能找到较好的结果。在随机搜索策略中,可能需对一些参数进行设置,参数的设置直接影响搜索的最终结果。

3.3 光谱特征增强

在利用高光谱进行颜料的光谱匹配和种类识别的过程中,目标光谱特征不明显是制约匹配和识别精度的一个重要原因,特别是当图像中存在与目标光谱特征相似的背景噪声时,结果会受到很大影响。因此,经常采用光谱特征增强的方法来提高后续匹配和识别的精度。其中光谱斜率与坡向、光谱微分、包络线去除、光谱吸收特征参数和光谱吸收指数是比较常用的光谱特征增强技术。

3.3.1 光谱斜率与坡向

在一定的波长范围内,光谱曲线可以近似地模拟成一条直线,例如在波长范围 $[\lambda_1,\lambda_2]$ 内,模拟出的直线段方程为

$$R = aX + b, \quad X \in [\lambda_1,\lambda_2]$$

这条直线的斜率即定义为光谱斜率。光谱斜率反映了光谱曲线的走势:当光谱斜率为正时,光谱曲线反射率逐渐增加,定位为正向坡;光谱斜率为负时,反射率值逐渐减少,定义为负向坡;光谱斜率为零时,则该波段内反射率值变化不大,定义为平向坡。光谱曲线的坡向可以用光谱坡向指数(spectral slope index,SSI)来表示,如图3.3所示。

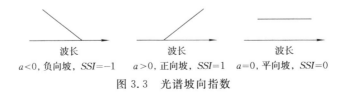

图3.3 光谱坡向指数

3.3.2 光谱微分

光谱微分技术主要用来消除或抑制背景噪声对光谱的影响,可以突出光谱曲线在斜率上的细微变化。光谱微分的实质是计算离散的光谱曲线反射率点的不同阶数导数,从而迅速确定光谱曲线的极值点及拐点的波长位置。其中一阶导数数值的大小体现了原光谱曲线的陡缓程度,其零点代表原光谱曲线上存在反射峰或吸收谷的位置;二阶导数的零点则代表原光谱曲线上的拐点位置。光谱微分一般使用中心差分法,宽度为2,光谱向量 $\boldsymbol{X} = (X_1,X_2,\cdots,X_N)$(波长集合 $\lambda = \{\lambda_1,\lambda_2,\cdots,\lambda_N\}$)的一阶和二阶微分公式分别如式(3.20)和式(3.21)所示。

$$X_i' = \frac{X_{i+1} - X_{i-1}}{(\lambda_i - \lambda_{i-1}) + (\lambda_{i+1} - \lambda_i)} = \frac{X_{i+1} - X_{i-1}}{2\Delta\lambda} \tag{3.20}$$

$$X''_i = \frac{X'(\lambda_{i+1}) - X'(\lambda_{i-1})}{2\Delta\lambda} = \frac{X_{i+2} - 2X_i + X_{i-2}}{4(\Delta\lambda)^2} \tag{3.21}$$

式中，X'_i 为光谱曲线上第 i 波段处的一阶微分，X''_i 为光谱曲线上第 i 个波段处的二阶微分。

图 3.4 所示是矿物颜料石绿的光谱曲线及对其进行求导后的结果。

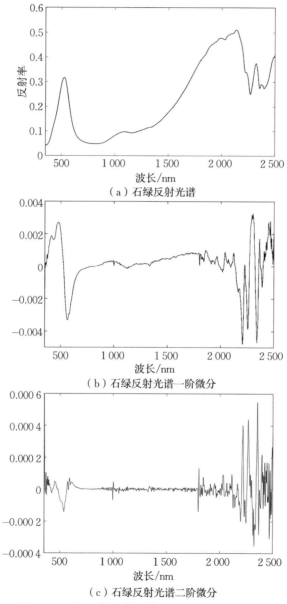

（a）石绿反射光谱

（b）石绿反射光谱一阶微分

（c）石绿反射光谱二阶微分

图 3.4　石绿反射光谱及其一阶微分和二阶微分

　　光谱微分对噪声十分敏感,图 3.4 中石绿的光谱微分,可以观察到在 1 000 nm 和 1 700 nm 处,由于使用了不同探测器,光谱会产生微小的断点,这在一阶和二阶导数中都有明显的体现。因此,导数光谱适合在信噪比很高的波段范围内进行光谱特征增强和分析。

　　光谱微分的应用十分广泛,刘伟东等(2004)利用土壤反射率反演土壤水分含量时,利用了五种方法,第一种使用了标准反射率,其他四种分别使用了反射率一阶微分的不同组合来尽量减小混杂的背景噪声,认为反射率倒数的对数的一阶微分与差分方法对土壤水分的预测能力较强。苏红军等(2008)通过导数光谱提取了光谱特征,并作为判别条件构建了决策树,实现了快速识别地物的目的。

　　在对矿物颜料鉴别时,光谱微分的应用主要有两个方面:一是针对同一色系的颜料鉴别时,它们的光谱曲线在可见光波段的起伏趋势和吸收特征都很相似,采用光谱微分,可以放大颜料光谱极值点波段及陡缓程度的差异,从而更好地判断颜料种类;二是在对颜料的丰度反演中,可以从光谱微分中选择对颜料浓度敏感的特征波段来提取特征参数进行丰度反演。

3.3.3　包络线去除

　　对光谱曲线进行包络线去除,可以将反射率值进行归一化,突出光谱曲线的吸收特征,有利于多条光谱曲线之间互相进行吸收特征参数的计算和比较。光谱曲线的实质是由一组离散的点组成的,所以其包络线是由连续的折线段组成,直观上看包络线就是光谱曲线的“外壳”。包络线与光谱曲线“相切”,并且每个波段的值大于或等于原始曲线的反射率值。

　　包络线去除算法的关键是求出包络线的节点,光谱曲线的端点和极值点都在包络线上,并且要考虑“相切”的特性,即每个折线段与光谱曲线只有两个切点。包络线去除算法如下(张良培 等,2011)。

　　设原始光谱曲线的反射率数组为 $r(i)$, $i = 0, 1, \cdots, k-1$;波长数组为 $w(i)$, $i = 0, 1, \cdots, k-1$。

　　第一步:第一个点肯定是包络线节点,将 $i = 0$ 代入,点 $w(0)$、$r(0)$ 加入包络线节点数组中。

　　第二步:计算新节点,若 $j = k-1$ 则结束;否则令 $j = i+1$。

　　第三步:连接反射率点 i、j,检查直线 ij 与反射率曲线的交点。进行如下判断:若 $j = k-1$,结束,将最后一个点 $w(j)$、$r(j)$ 加入包络线节点中;否则,进行以下步骤:

　　(1) $m = j+1$。

　　(2)若 $m = k-1$,完成检查,j 是包络线上的点,点 $w(j)$、$r(j)$ 加入包络线节点中,令 $i = j$,转到第二步;否则,求直线 ij 与反射率曲线的交点 $r_1(m)$。

（3）若 $r(m) < r_1(m)$，则 j 不是包络线上的节点，$j = j+1$，转到第三步；如果 $r(m) \geqslant r_1(m)$，则直线 ij 与光谱曲线最多有一个交点，$m = m+1$，转到第（2）步。

第四步：得到所有包络线节点表后，将所有节点用连续的折线段依次相连，即得出光谱曲线的包络线，求出 $w(i)$ 对应折线段上的函数值 $h(i)$，显然 $h(i) \geqslant r(i)$。

第五步：求出包络线后将光谱曲线进行归一化，反射率值范围变成 $[0,1]$，有

$$r^*(i) = \frac{r(i)}{h(i)}$$

图 3.5(a) 为石绿与朱砂的原始光谱曲线，图 3.5(b) 为包络线去除后的光谱曲线。进行包络线去除后，反射率归一化到了 0～1，光谱的吸收和反射特征也归一化到统一的背景光谱上，得到了光谱增强。经过包络线去除后的光谱曲线更方便在一致的背景下进行量化分析不同物质的光谱曲线特征，进而进行光谱的匹配和分类等处理。

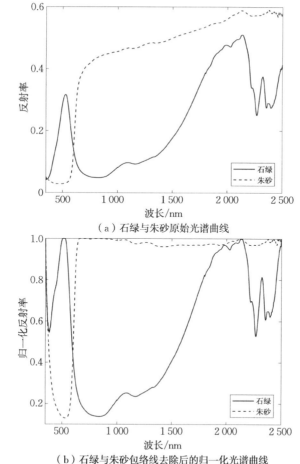

（a）石绿与朱砂原始光谱曲线

（b）石绿与朱砂包络线去除后的归一化光谱曲线

图 3.5　石绿与朱砂的原始光谱曲线与包络线去除后的归一化光谱曲线

3.3.4　光谱吸收特征参数

　　经过包络线去除后,光谱曲线归一化到统一的背景下,其峰值点的相对值为1,其他点则小于1。归一化后光谱曲线的吸收特征更为明显,易于进行计算机自动识别提取其量化的特征参数。光谱吸收谷主要包括光谱吸收位置、深度、面积、对称性等特征参数,如图3.6所示。

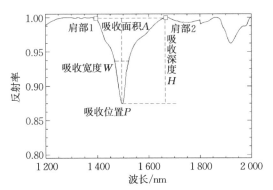

图 3.6　光谱吸收谷及其特征参数(张良培 等,2011)

　　如图3.6所示,单个吸收谷是指两个吸收肩和波谷组成的呈"凹"形的光谱曲线,每个吸收谷都有各自的形状和位置,为了描述其吸收特征,可以定义以下几种特征参数。

　　1. 光谱吸收位置(P)

　　光谱吸收位置是光谱反射率最低点所对应的波长,即当 $r_\lambda = \min(r)$ 时,$P = \lambda$。 通常情况下,单个吸收谷呈"先降后升"的趋势,最小值即吸收波段内的极小值。

　　2. 光谱吸收深度(H)

　　光谱吸收深度是在单个吸收谷内反射率最低点到归一化包络线峰值点的垂直距离。假设经过包络线去除后波谷反射率为 ρ_{cr},则深度 $H = 1 - \rho_{cr}$。

　　3. 光谱吸收宽度(W)

　　光谱吸收宽度是吸收谷内最大吸收深度一半处的光谱宽度。为了方便计算,光谱吸收宽度也可以直接用两个吸收肩波长差来表示,即 $W = w_2 - w_1$。

　　4. 光谱吸收面积(A)

　　光谱吸收面积即光谱积分,是指吸收波长范围内光谱曲线与包络线所围成的面积大小,如式(3.22)所示,即

$$A = \int_{w_1}^{w_2}(1 - f(w))\mathrm{d}w \tag{3.22}$$

式中,$f(w)$ 为光谱曲线,w_1、w_2 为 吸收谷的起止位置。

5. 光谱吸收对称性(S)

光谱吸收对称性定义为:以过谷底的垂线为界,右边区域与左边区域的面积之比。对称性反映出光谱曲线整体的形状特征,$S = A_r / A_1$,其中 A_r 为右边区域的面积,A_1 为左边区域的面积。

以上几种特征参数体现了物质自身的化学或物理特性,在对待测颜料样本进行定性或定量分析中有重要意义。

吸收位置在颜料光谱匹配识别中占有特殊地位,因为同一种物质会在固定的波长位置形成波谷,所以吸收位置可以作为定性约束条件,直接鉴定待测物的类别范围。当两条光谱曲线有效吸收谷个数不同或吸收波长相差很大时,可以直接判为不同颜料。

吸收宽度、吸收深度可以反映某种分子或离子的含量,进而推断出对应物质的含量,在进行定量分析时有重要参考价值。同时它们也是反映波形的重要参数,如果吸收宽度过窄(仅有 1 至 2 个波段)或吸收深度很小则可认为是光谱噪声,并不具备形成吸收谷的条件。

吸收面积同时受光谱吸收深度和吸收宽度的影响。当存在多个吸收谱带时,由于吸收强度不同,每个吸收谱带所占权重也不同,而吸收面积的大小可以作为分配权值的依据,吸收面积越大,说明该吸收谱带强度越大,所包含的信息量越高。

吸收对称性体现了吸收波段光谱曲线的形态特征,同种颜料相同吸收谷的光谱曲线形态基本一致,可以作为次要约束条件参与光谱匹配识别中(张陈峰 等,2017)。

3.3.5　光谱吸收指数

光谱吸收指数(spectral absorption index,SAI)是一种综合性光谱吸收特征参数,在光谱识别、地物定量反演及混合光谱分解中都有重要作用。

如图 3.7 所示,每个光谱吸收谱带都是由谷底 M 与光谱吸收谷的两个肩部 S_1、S_2 组成。点 S_1、S_2、M 反映了光谱的吸收特征,光谱的吸收指数可以表示为式(3.23),即

$$SAI = \frac{\rho}{\rho_m} = \frac{d\rho_1 + (1-d)\rho_2}{\rho_m}$$

(3.23)

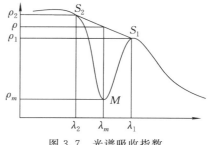

图 3.7　光谱吸收指数

式中,SAI 为光谱吸收指数,ρ_m 为光谱曲线在吸收谷的反射率,ρ 为吸收谷的两个肩部 S_1、S_2 的连线与波谷谷底位置垂线的交点所对应的反射率,反映了两个肩部的平均反射率,ρ_1 和 ρ_2 分别为吸收谷两个肩部 S_1、S_2 的反射率,d 为吸收对称性参

数，$d = (\lambda_m - \lambda_2)/(\lambda_1 - \lambda_2)$，其中，$\lambda_1$、$\lambda_2$、$\lambda_m$ 分别为吸收谷肩部 S_1、S_2 和谷底 M 所对应的波长。

从式(3.23)中可以看出，光谱吸收指数是光谱吸收深度的另一种表达形式，其中引入了对称性，反映了光谱吸收谷的相对深度特征。

3.4　光谱匹配

颜料光谱匹配识别的实质就是通过比较实测样本光谱和标准参考光谱之间的相似程度来判断颜料类别。当两条光谱的特征或者数值差异在阈值范围内，则认为它们仅存在微小差别，从而认为是同一种物质。

3.4.1　整体相似性测度

光谱间的整体相似性测度描述的是全局性的光谱曲线形状或反射率数值差异，其特点是以光谱库中已知的光谱曲线为准，利用全波段的反射率值或基于整体波形特征进行匹配识别，充分发挥了高光谱波段范围广、光谱分辨率高的特点。本小节总结分析了几种常用光谱匹配算法的原理，以及其在颜料识别中的适用性。

1. 最小距离匹配

最小距离匹配是将颜料光谱视为向量，通过比较不同向量之间的距离来度量两条光谱曲线的相似度，即通过计算待测光谱与光谱库中参考光谱之间的某种距离来表示光谱间的相似度。常用的距离有欧氏距离、马氏距离和兰氏距离。

(1)欧氏距离是最常见的欧几里得空间下的距离，其公式为式(3.24)，即

$$d_{\mathrm{Eu}}(\boldsymbol{s}, \boldsymbol{r}) = \sqrt{\sum_{i=1}^{n} (s_i - r_i)^2} \tag{3.24}$$

式中，d_{Eu} 为欧氏距离，$\boldsymbol{s}$、$\boldsymbol{r}$ 分别为待测颜料的光谱向量与光谱库中的标准光谱向量，n 为光谱向量中的波段总数目，s_i、r_i 分别为光谱向量 $\boldsymbol{s}$、$\boldsymbol{r}$ 的第 i 个分量。

(2)马氏距离是另外一种距离的度量，修正了欧氏距离中各个维度尺度不一致且相关的问题，可以表达为式(3.25)，即

$$d_{\mathrm{Ma}}(\boldsymbol{s}, \boldsymbol{r}) = \sqrt{(\boldsymbol{s} - \boldsymbol{r})^{\mathrm{T}} \boldsymbol{\Sigma}^{-1} (\boldsymbol{s} - \boldsymbol{r})} \tag{3.25}$$

式中，d_{Ma} 为马氏距离，$\boldsymbol{s}$、$\boldsymbol{r}$ 分别为待测颜料的光谱向量与光谱库中的标准光谱向量，$\boldsymbol{\Sigma}$ 是光谱向量 $\boldsymbol{s}$、$\boldsymbol{r}$ 的协方差矩阵。如果协方差矩阵是单位向量，即各维度独立同分布，则马氏距离就转变为欧氏距离。

(3)兰氏距离则是一个无量纲的距离度量，克服了多种距离度量与各指标的量纲有关的缺点，并且对大的奇异值不敏感，可以表达为式(3.26)，即

$$d_{\mathrm{Lan}}(\boldsymbol{s}, \boldsymbol{r}) = \frac{1}{n} \sum_{i=1}^{n} \frac{|s_i - r_i|}{s_i + r_i} \tag{3.26}$$

式中，d_{Lan} 为兰氏距离，s、r 分别为待测颜料的光谱向量与光谱库中的标准光谱向量，n 为光谱向量中的波段总数目，s_i、r_i 分别为光谱向量 s、r 的第 i 个分量。

根据以上不同距离，可以比较待测颜料的光谱与光谱库中的标准光谱之间的距离，取距离最小的为其匹配结果。最小距离匹配与光谱反射率的绝对数值大小密切相关，只有待测光谱严格校正为 0～1 的归一化反射率才能得到较好的匹配结果。

2. 光谱角匹配

光谱角匹配（spectral angle mapping，SAM）或者称为光谱角填图方法，是将 n 个波段的光谱曲线看成 n 维向量，通过计算两向量间的广义夹角来度量光谱间的相似性。夹角越小，两光谱越相似，属于同类地物的可能性越大，因而可根据光谱角的大小来辨别未知数据的类别。向量间的广义夹角与光谱反射率绝对数值无关，光谱曲线整体偏高或者偏低不会影响匹配结果。广义夹角定义为式（3.27），即

$$\cos(\alpha) = \frac{\boldsymbol{x} \cdot \boldsymbol{y}}{\|\boldsymbol{x}\| \|\boldsymbol{y}\|} \tag{3.27}$$

其中

$$\alpha = \arccos \frac{\sum\limits_{i=1}^{n}(x_i y_i)}{\sqrt{\sum\limits_{i=1}^{n} x_i^2} \sqrt{\sum\limits_{i=1}^{n} y_i^2}} \tag{3.28}$$

其中，$\alpha \in \left[0, \dfrac{\pi}{2}\right]$，$\boldsymbol{x} = (x_1, x_2, \cdots, x_n)$ 和 $\boldsymbol{y} = (y_1, y_2, \cdots, y_n)$ 是不为零的光谱向量（张良培 等，2011）。

分类时，通过计算未知数据与已知光谱库中数据的光谱角，其角度越小意味着越相似，最后把未知数据的类别归到最小光谱角对应的类别中。

在彩绘类文物中，SAM 方法是通过对比分析目标影像某未知像元光谱曲线与标准光谱库内各颜料光谱曲线的相似性，从而确定未知像元的颜料类别。光谱角度制图分类侧重于利用光谱向量的方向，而其长度不是主要因素。因此，可以直接用光谱库参考光谱和成像光谱仪待测试光谱比较，识别目标。一般用光谱角的余弦值来描述光谱间的相似性，$\cos(\alpha)$ 的取值范围是 [0,1]，其值越大，说明光谱越相似。

3. 光谱信息散度匹配

光谱信息测量是一种随机度量方法，它将连续的反射光谱曲线看成一组不确定的随机数。由光谱信息测量得到的自信息量能够表述一个像元矢量的特定光谱通道信息，这种描述方法就是信息散度（spectral information divergence，SID），它是基于光谱曲线的整体形状，计算出曲线的信息熵，然后通过比较信息熵来判断光

谱曲线的相似程度,具有较高的匹配精度(吴浩 等,2016)。光谱信息散度的计算公式如式(3.29)所示,即

$$SID(s,r) = D(s\|r) + D(r\|s) \tag{3.29}$$

式中,s、r 分别为待测颜料的光谱向量与光谱库中的标准光谱向量,$D(s\|r)$ 为光谱向量 r 关于光谱向量 s 的相对熵,$D(r\|s)$ 为光谱向量 s 关于光谱向量 r 的相对熵。由式(3.30)计算,即

$$\left.\begin{array}{l} D(s\|r) = \displaystyle\sum_{i=1}^{n} p_i \log(p_i/q_i) \\[3mm] D(r\|s) = \displaystyle\sum_{i=1}^{n} q_i \log(q_i/p_i) \end{array}\right\} \tag{3.30}$$

式中,$p = (p_1, p_2, \cdots, p_n)$ 是待匹配光谱 s 的概率向量,$q = (q_1, q_2, \cdots, q_n)$ 是光谱库中标准光谱 r 的概率向量,n 为待测光谱的波段数。p 和 q 可以利用式(3.31)计算,即

$$\left.\begin{array}{l} p_k = \dfrac{s_k}{\displaystyle\sum_{i=1}^{n} s_i} \\[5mm] q_k = \dfrac{r_k}{\displaystyle\sum_{i=1}^{n} r_i} \end{array}\right\} \tag{3.31}$$

式中,n 是待测光谱的波段数,s_i、r_i 分别是两条光谱曲线各个波段的反射率值。

由式(3.29)可以计算待测光谱和参考光谱的信息差异的和。SID 的取值范围是 $[0,1]$,其值越大,说明两条光谱差异越大,通过寻找光谱库中与待测光谱差异最小的参考光谱,从而确定待测颜料的种类。

4. 编码匹配

除了直接利用原始光谱进行匹配外,还可以先将光谱曲线进行重新编码、组合及排列,突出光谱特征,最常见的是编码匹配(刘伟,2008)。

为了在压缩数据的同时充分利用有效光谱信息,可以先对光谱曲线进行二进制编码,用 0 和 1 来描述反射率值,可以减少数据量,提高运算速度。其基本原理就是对预处理的光谱数据指定一个阈值 T,大于阈值的数据赋 1,否则赋 0。其形式为式(3.32),即

$$\left.\begin{array}{l} h(i) = 0, \quad \forall x(i) \leqslant T \\ h(i) = 1, \quad \forall x(i) > T \end{array}\right\} \tag{3.32}$$

式中,$x(i)$ 是高光谱图像某像元在第 i 波段的 DN 值,$h(i)$ 是该波段的编码,T 是选择的阈值。

得到光谱曲线的二值编码后,再与光谱库中标准光谱的二值编码曲线比较,用此对颜料进行匹配识别。图 3.8 是对石绿和石青光谱反射率曲线进行二值编码的结果。

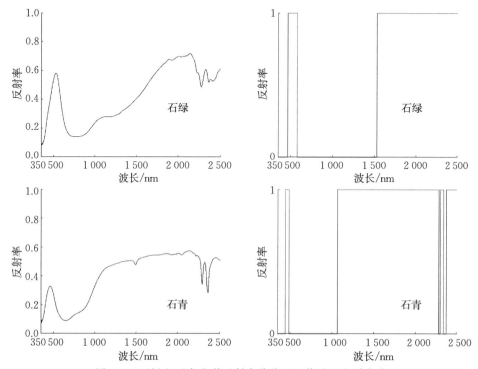

图 3.8　石绿和石青光谱反射率曲线及二值编码光谱曲线

首先,分别计算石绿和石青光谱反射率曲线的平均值,对两条光谱反射率曲线进行二值编码;其次,对两组编码进行"异或"运算,即同一位置上,若同为 0 或 1 则为 1,数值不同则为 0,"异或"的结果变成一组新的编码;最后,统计"异或"运算后新编码中"1"的个数,其与波段数的比值就是光谱间的相似度。

高光谱影像中可以对每个像元进行二值编码,能够反映出光谱曲线的整体形状特征,但同时会失去细部光谱特征。这种匹配识别技术有助于提高数据处理效率,但是只能粗略地识别光谱。为了提高匹配识别精度,需要更复杂的编码方式。在实际使用中,有许多针对性的改进编码算法,如分段编码、多门限编码、选择波段编码等(苏红军 等,2006)。

3.4.2　综合相似性测度

在光谱匹配识别过程中需要具体问题具体分析,每种匹配算法都有自身的优、缺点和适用范围,不具有普遍适用性(王润生 等,2007)。以上几种相似性测度按照侧重点不同可以分为两类:一类是数值指数(如欧氏距离),这种方法基于全波段反射率值的差异区分光谱间差异,对光照强度比较敏感,受光照环境的影响较大;另一类是形状指数(如光谱角、相关系数),主要体现了光谱整体波形的差异。无论是哪种方法都不能全面反映光谱向量差异大小,对于有几百个波段的光谱曲线容易误判。如果采取综合指数以表达光谱曲线间的数值差异和形状差异,可较为全面地描述光谱相似程度,并且有较高适应性(Du et al,2003)。

1. 综合相似性测度

将光谱曲线的反射率特征和形状特征进行综合的方法有多种,Granahan 等提出了一种基于欧氏距离和相关系数的综合相似性测度,如式(3.33)所示,即

$$SSS = \sqrt{(1-\rho)^2 + (E_d)^2} \tag{3.33}$$

式中,ρ 表示相关系数,$(1-\rho)^2$ 的取值范围为 $0 \sim 1$,$E_d = (E-m)/(M-m)$,E 是两条光谱曲线之间的欧氏距离值,M 和 m 分别是欧氏距离的最大值和最小值,因此 E_d 也将欧氏距离归一化到 $0 \sim 1$ 的范围内。SSS 数值在 $[0, \sqrt{2}]$ 内,其值越小,说明光谱越相似。

2. 基于光谱差曲线信息熵的综合相似性测度

两条光谱曲线存在数值差异和形状差异,当数值差异更明显时,综合相似性测度应该偏向数值指数;当形状差异更明显时,综合相似性测度应该偏向形状指数(张浚哲 等,2013)。为了定量描述光谱差异的性质,根据不同情况确定综合相似性测度,引入了光谱差曲线信息熵的概念(刘伟,2010)。光谱差(different of spectral,DS)曲线是将 N 维的参考光谱和测试光谱的反射率逐波段进行相减,得到一条 N 维新向量 DS,即为光谱差曲线。不难看出,DS 向量主要反映出两条光谱每个波段上反射率值差异,光谱曲线形状一样时,DS 向量是斜率为 0 的直线,当光谱的形状存在较大差异时,DS 向量是一条具有明显起伏的曲线。因此,可以根据 DS 曲线的信息熵定量描述光谱形状差异程度,光谱差曲线对应的熵值越大,表明参考光谱和测试光谱形状差异越大,综合相似性测度中形状指数的权重也应该越大,反之同理。

光谱差曲线信息熵的实质表明了数值的无序性程度,其计算方法是:将光谱差曲线的值域离散化为 n 个区间,统计每个区间内的点数并计算响应的概率 p_i,然后按式(3.34)计算信息熵,即

$$Ent = -\sum_{i=1}^{n} p_i \times \log p_i \tag{3.34}$$

假设参考光谱和测试光谱分别是 T 和 R,利用光谱差曲线信息熵可以作为形状指数的权重,从而构造一个可以动态调整权重的综合相似性测度(spectral distance based on curve entropy,SDE),如式(3.35)所示,即

$$SDE = Ent \times |1-\rho| + LD \tag{3.35}$$

$$LD = \frac{1}{n} \sum_{i=1}^{n} \frac{|T_i - R_i|}{T_i + R_i} \qquad (3.36)$$

式中，Ent 是光谱差曲线信息熵，ρ 是 $\boldsymbol{T}$ 和 $\boldsymbol{R}$ 的相关系数，LD 是 $\boldsymbol{T}$ 和 $\boldsymbol{R}$ 的兰氏距离，n 是光谱波段数。选择兰氏距离是因为它对光谱噪声不敏感，对反射率值较低的光谱曲线数值差异刻画能力较强，而且取值在[0,1]内，方便与相关系数综合考虑。

3.5　高光谱图像分类

分类是给图像中的每个像元依据某种属性赋予唯一的类别标识，从遥感学科诞生起，分类就一直是该领域的研究热点，同时也是难点。由于遥感传感器的快速发展，遥感数据在空间分辨率、光谱分辨率和时间分辨率方面的不断更新，给遥感数据分类带来新的科学问题。在高光谱图像分类方面，国内外学者充分挖掘高光谱遥感数据隐含的丰富信息和特征，将模式识别、机器学习等领域的先进思想引入高光谱图像分类，提出了众多的分类方法（杜培军 等，2016）。

分类按照是否需要人事先指定样本可以分为监督分类和非监督分类。非监督分类是指不需要人事先对分类过程施加任何的先验知识，而仅凭遥感图像光谱特征的分布规律，利用某种规则进行聚类。非监督分类的结果只是对不同类别达到了区分，不能确定类别的属性，其具体类别属性是通过事后解译人员的参与，对各类的光谱响应曲线进行分析、判读及与实地勘察数据对比后确定的，其特点是人的"后参与"。

监督分类就是先用某些已知训练样本让分类识别系统进行学习，待其掌握了各个类别的特征后，按照分类的决策规则分类下去的过程。监督分类又称训练场地法，是以建立统计识别函数为理论基础，依据典型样本训练方法进行分类的技术，其特点是人的"先参与"。

在遥感领域中，分类经常被用于识别地物的具体类别。在彩绘类文物领域中，分类则常常被用于识别文物表面的颜料，即将每个像元归为某种颜料。在彩绘类文物分类中常应用的一些分类方法，包括非监督分类方法中的 K-均值聚类和 ISODATA 聚类方法，监督分类的 SVM 方法，以及光谱匹配的高光谱分类方法等。

3.5.1　K-均值聚类法

K-均值聚类法（K-means clustering algorithm）属于动态聚类法，也是非监督分类方法，1967 年由 MacQuen 首次提出，该算法是解决聚类问题的一种经典算法。其核心思想是随机选择 K 个样本，每个样本代表一个簇的初始均值或中心，对剩余的每个样本,计算其与各个簇中心的距离,根据使距离指标的目标函数最小的原则将其划分到最相似的簇(陈坤 等,2013)。

它假定聚类中心的个数是预先知道的,即需要预先指定聚类结果的类别数。K-均值聚类法简便易行,但其结果受到所选聚类中心的数目、初始位置,以及模式分布的几何性质、读入次序等因素的影响,并且在迭代的过程中类别数保持不变,因此不同的初始条件可能会得到不同的分类结果。

K-均值聚类法的基本思想是:通过迭代,移动各个基准类别的中心,直至得到最好的聚类结果为止。其算法如下:

(1)任选 k 个初始聚类中心:$Z_1^1, Z_2^1, \cdots, Z_k^1$,其上标表示聚类过程中的迭代次数,下标表示第几个聚类中心。初始聚类中心的初值可以由随机选择样本构成,也可以利用专门的算法进行初始聚类中心的选择,如最大最小距离选心法。设聚类迭代次数 $t = 1$。

(2)对高光谱图像的每一个像素值 X_i,其中像素位置 $i = (1, 2, \cdots, W \times H)$,$W$ 是图像的列数,H 是图像的行数,计算 X_i 到 $Z_1^t, Z_2^t, \cdots, Z_k^t$ 的距离,将像素点号 i 分配到距离该点最小的聚类中心中,依次处理每一个像素点,得到第 t 次聚类后的样本集 $S_1^t, S_2^t, \cdots, S_k^t$。

(3)计算各聚类样本类别的新的类别中心,如式(3.37)所示,即

$$Z_j^{t+1} = \frac{1}{n_j} \sum_{X \in S_j^t} X \tag{3.37}$$

式中,n_j 为第 t 次聚类迭代后的第 j 个类别的样本集 S_j^t 中所包含的样本数,在这一步要计算 k 个聚类中心的样本均值,故称为 K-均值聚类法。

(4)若 $Z_j^{t+1} \neq Z_j^t, j = 1, 2, \cdots, k$,则 $t = t+1$,回到第(2)步,将全部样本重新分类,重复迭代计算。若 $Z_j^{t+1} = Z_j^t, j = 1, 2, \cdots, k$,则聚类结束,输出聚类结果 $S_1^t, S_2^t, \cdots, S_k^t$。

3.5.2　ISODATA 算法

迭代自组织数据分析算法(iterative self-organizing data analysis techniques algorithm,ISODATA)与 K-均值聚类法类似,也是一种动态聚类算法,其聚类中心也是通过样本均值的迭代运算来决定,但 ISODATA 算法加入了类别合并、分裂和取消的机制,使聚类的类别数可以根据一些规则在聚类的迭代过程中进行动态调整。当某两类聚类中心距离小于某一阈值时,将它们合并为一类;当某类标准差大于某一阈值或其样本数目超过某一阈值时,将其分为两类;在某类样本数目少于某阈值时,需将其取消。通过以上机制可以实现聚类数目的动态调整。其详细算法如下(史豪斌 等,2017):

(1)设高光谱影像共有 N 个像素 $\{x_i | i = 1, 2, \cdots, N\}$,预选 N_C 个初始聚类中

心 $z_1, z_2, \cdots, z_{N_C}$，它可以不等于所要求的聚类中心的数目，其初始位置可以从样本中任意选取。

设置以下初始参数：

① $K =$ 预期的聚类中心数目。

② $\theta_N =$ 每一聚类域中最少的像素数目，若少于此数即不作为一个独立的聚类。

③ $\theta_S =$ 一个聚类域中像素距离分布的标准差。

④ $\theta_C =$ 两个聚类中心间的最小距离，若小于此数，两个聚类需进行合并。

⑤ $L =$ 在一次迭代运算中可以合并的聚类中心的最多对数。

⑥ $I =$ 迭代运算的最大次数。

(2)将高光谱影像中的 N 个像素分别分配给距离其最近的聚类 S_j，假若 $D_j = \min(\|x - z_i\|), i = 1, 2, \cdots, N_C$，即 $\|x - z_j\|$ 的距离最小，则 $x \in S_j$。

(3)如果 S_j 中的样本数目 $N_j < \theta_N$，则取消该样本子集，此时 N_C 减去 1。

(4)修正各聚类中心，如式(3.38)所示，即

$$Z_j = \frac{1}{n_j} \sum_{x \in S_j} x, \ j = 1, 2, \cdots, N_C \tag{3.38}$$

(5)计算各聚类样本集 S_j 中模式样本与各聚类中心间的平均距离，如式(3.39)所示，即

$$\overline{D}_j = \frac{1}{N_j} \sum_{x \in S_j} \|x - z_j\|, \ j = 1, 2, \cdots, N_C \tag{3.39}$$

(6)计算全部模式样本和其对应聚类中心的总平均距离，如式(3.40)所示，即

$$\overline{D} = \frac{1}{N} \sum_{j=1}^{N} N_j \overline{D}_j \tag{3.40}$$

(7)判别分裂、合并及迭代运算。

①若迭代次数达 I 次，即最后一次迭代，则置 $\theta_C = 0$，转至第(11)步。

②若 $N_C \leqslant K/2$，即聚类中心的数目小于或等于规定值的一半，则转至第(8)步，对已有聚类进行分裂处理。

③若迭代运算的次数是偶数次，或 $N_C \geqslant 2K$，不进行分裂处理，转至第(11)步；否则(即既不是偶数次迭代，又不满足 $N_C \geqslant 2K$)，转至第(8)步，对已有聚类进行分裂处理。

(8)计算每个聚类中样本距离的标准差向量，如式(3.41)所示，即

$$\boldsymbol{\delta}_j = [\delta_{1j} \quad \delta_{2j} \quad \cdots \quad \delta_{nj}]^{\mathrm{T}}, \ j = 1, 2, \cdots, N_C \tag{3.41}$$

其中向量的各个分量如式(3.42)所示，即

$$\delta_{ij} = \sqrt{\frac{1}{N_j} \sum_{k=1}^{N_j} (x_{ik} - z_{ij})^2} \tag{3.42}$$

式中，$i=1,2,\cdots,n$ 为样本特征向量的维数，$j=1,2,\cdots,N_C$ 为聚类数，N_j 为 S_j 中的样本个数。

(9)求每一标准差向量 $\{\boldsymbol{\delta}_j \,|\, j=1,2,\cdots,N_C\}$ 中的最大分量，以 $\{\delta_{j\max} \,|\, j=1,2,\cdots,N_C\}$ 代表。

(10)在任一最大分量集 $\{\delta_{j\max} \,|\, j=1,2,\cdots,N_C\}$ 中，若有 $\{\delta_{j\max} > \theta_S\}$，同时又满足如下两个条件之一：

① $\overline{D}_j > \overline{D}$ 和 $N_j > 2(\theta_N+1)$，即 S_j 中样本总数超过规定值一倍。

② $N_C \leqslant K/2$。

则将 z_j 分裂为两个新的聚类中心 z_j^+ 和 z_j^-，且 N_C 加1。其中 z_j^+ 对应于 $\delta_{j\max}$ 的分量加上 $h\delta_{j\max}$，z_j^- 对应于 $\delta_{j\max}$ 的分量减去 $h\delta_{j\max}$，其中 $0 < h \leqslant 1$。

如果本步骤完成了分裂运算，则转至第(2)步，否则继续。

(11)计算全部聚类中心的距离，如式(3.43)所示，即

$$D_{ij} = \| z_i - z_j \|,\ i=1,2,\cdots,N_C-1,\quad j=i+1,\cdots,N_C \qquad (3.43)$$

(12)比较 D_{ij} 与 θ_C 的值，将 $D_{ij} < \theta_C$ 的值按最小距离次序递增排列，即

$$\{D_{i_1 j_1}, D_{i_2 j_2}, \cdots, D_{i_L j_L}\}$$

(13)将最多 L 对类间距离小于 θ_C 的类别进行合并，距离为 $D_{i_k j_k}$ 的两个聚类中心 $\boldsymbol{Z}_{i_k}$ 和 $\boldsymbol{Z}_{j_k}$ 合并，合并后新的类别中心为式(3.44)，即

$$z_k^* = \frac{1}{N_{i_k}+N_{j_k}}[N_{i_k}z_{i_k} + N_{j_k}z_{j_k}],\ k=1,2,\cdots,L \qquad (3.44)$$

式中，z_k^* 为合并后新的类别中心向量，N_{i_k} 为类别 $\boldsymbol{Z}_{i_k}$ 的样本数量，z_{i_k} 为类别 $\boldsymbol{Z}_{i_k}$ 的类别中心，N_{j_k} 为类别 $\boldsymbol{Z}_{j_k}$ 的样本数量，z_{j_k} 为类别 $\boldsymbol{Z}_{j_k}$ 的类别中心。

(14)若迭代次数等于 I，则算法结束；否则迭代次数加1。

3.5.3　最大似然分类

最大似然分类（maximum likelihood classification，MLC）是一种监督分类方法。假定样本数据服从正态分布，MLC 根据最大似然比贝叶斯判决准则建立非线性判别函数，选择训练区，计算各待分类样本区的归属概率，从而对图像其他像素进行分类。

MLC 偏重于集群分布的统计特性，其分类错误概率最小，是风险最小的判决分析；不足之处是需要人工选择样本训练区，工作量大，效率低。如果加上人为误差的干扰，其分类结果的精度则可能会较差。

MLC 已在遥感图像分类中得到普遍应用，在高光谱图像分类中的应用也较广泛。它主要根据相似的光谱性质和属于某类概率最大的假设来指定每个像元的类别。

设高光谱影像中的某个像素点可表达为向量 $\boldsymbol{X}=[x_1\ x_2\ \cdots\ x_n]^{\mathrm{T}}$，其中 n 是

高光谱的波段数,预计将影像分为 G 类,则当各类总体服务参数为 $N(\boldsymbol{\mu}_g, \boldsymbol{\Sigma}_g)$ 的多元正态分布时,像元特征向量 $\boldsymbol{X}$ 在第 g 类的概率密度分布如式(3.45)所示(骆剑承 等,2002),即

$$f_g(\boldsymbol{X}) = \frac{1}{\sqrt{(2\pi)^n |\boldsymbol{\Sigma}_g|}} \exp\left[-\frac{1}{2}(\boldsymbol{X} - \boldsymbol{\mu}_g)^{\mathrm{T}} \boldsymbol{\Sigma}_g^{-1}(\boldsymbol{X} - \boldsymbol{\mu}_g) \right] \quad (3.45)$$

式中, $f_g(\boldsymbol{X})$ 是特征向量(像素点) $\boldsymbol{X}$ 在第 g 类的概率密度分布函数, $\boldsymbol{\mu}_g$ 和 $\boldsymbol{\Sigma}_g$ 为第 g 类总体的均值向量和协方差矩阵, $\boldsymbol{\Sigma}_g^{-1}$ 为 $\boldsymbol{\Sigma}_g$ 的逆矩阵。

根据贝叶斯公式,在 $\boldsymbol{X}$ 出现的条件下,其归属为第 g 类的归属概率如式(3.46)所示,即

$$P(g|\boldsymbol{X}) = P(\boldsymbol{X}|g)P(g)/P(\boldsymbol{X}) \quad (3.46)$$

式中, $P(g|\boldsymbol{X})$ 是在 $\boldsymbol{X}$ 出现的条件下,归属第 g 类的归属概率,即后验概率; $P(\boldsymbol{X}|g)$ 是 $\boldsymbol{X}$ 在第 g 类的概率,是先验概率,可由式(3.45)求得; $P(g)$ 是类别 g 的总体概率; $P(\boldsymbol{X})$ 是样本 $\boldsymbol{X}$ 出现的概率。

不考虑像元混合的情况,则认为一个像元应该只属于一个特定的类别。由于这个特定的类别是未知的,只有想办法找到属于每一类的可能性,然后比较它们的大小,哪一种类别出现的概率大,就把这个位置的像元归于哪类。

因为是求 $P(g|\boldsymbol{X})$ 在不同的 g 之间的最大值,而概率 $P(\boldsymbol{X})$ 是一个大于零小于 1 的小数,是一个公共因子,与类别无关,在比较大小时不起作用,因此构造判别函数时是可以去掉的。 $P(g)$ 是第 g 类的先验概率,如果各类的先验概率相等,那么式(3.46)中的 $P(g)$ 可以去掉。

为了简便运算,一般可以取对数后构造判别函数,即

$$L(\boldsymbol{X}) = \ln P(\boldsymbol{X}|g) = \ln \frac{1}{\sqrt{(2\pi)^n |\boldsymbol{\Sigma}_g|}} - \frac{1}{2}(\boldsymbol{X} - \boldsymbol{\mu}_g)^{\mathrm{T}} \boldsymbol{\Sigma}_g^{-1}(\boldsymbol{X} - \boldsymbol{\mu}_g)$$

$$(3.47)$$

只要有一个已知的训练区域,用这些已知类别的像元做统计就可以求出平均值及方差、协方差等特征参数,从而可以求出总体的先验概率。为了使最大似然分类方法更适合于高光谱影像,也有学者进行了改进,如调整波段协方差矩阵对分类的影响,改进最大似然分类判别函数可以提高分类精度(李庆亭 等,2005)。

3.5.4　支持向量机

支持向量机(support vector machine,SVM)是一种统计学习新算法,是核变换技术的代表算法之一,具有精度高、运算速度快、泛化能力强等优点。其是由 Cortes 和 Vapnik 于 1995 年首先提出的(Cortes et al,1995),它在解决小样本、非线性及高维模式识别中表现出许多特有的优势,并能够推广应用到函数拟合等其他机器学习问题中。支持向量机的主要思想是利用核变换将低维空间线性不可分

问题,转换到高维空间进行准确分类,其已经应用于遥感数据处理的各个方面(杜培军 等,2016)。支持向量机通过构建最优分类平面,实现对不同样本的划分。最优平面不仅是将样本分类,还要使分类间隔达到最大。

设样本为 (x^i, y^i),其中 $i = 1, 2, \cdots, m$,$y^i \in [-1, 1]$,x^i 为样本的特征向量,y^i 为标记,分类面的决策方程如式(3.48)所示,即

$$f(x) = \omega^{\mathrm{T}} x + b \tag{3.48}$$

当 $f(x) < 0$ 时,将样本归为 -1 类;当 $f(x) > 0$ 时将样本归为 1 类。

为解决高维空间分类问题,将核函数引入 SVM 分类器中,得到分类器的最终决策方程如式(3.49)所示,即

$$f(x) = \sum_{i=1}^{m} a y^i K(x^i, x) + b \tag{3.49}$$

式中,a 为最优的拉格朗日乘子,b 为最优的拉格朗日参数,$K(x^i, x)$ 为核函数。常用的核函数有高斯核函数、线性核函数、多项式核函数等(表 3.1)。在实际选择时,应根据数据特点和训练模型的精度选择合适的核函数进行使用。

表 3.1　常用核函数

线性核函数	$K(x, y) = x^{\mathrm{T}} y + c$
多项式核函数	$K(x, y) = (a x^{\mathrm{T}} y + c)^d$
径向基核函数/高斯核函数	$K(x, y) = \exp(-\gamma \|x - y\|^2)$
	$K(x, y) = \exp\left(-\dfrac{\|x - y\|^2}{2\sigma^2}\right)$
幂指数核函数	$K(x, y) = \exp\left(-\dfrac{\|x - y\|}{2\sigma^2}\right)$
拉普拉斯核函数	$K(x, y) = \exp\left(-\dfrac{\|x - y\|}{\sigma}\right)$
S 形核函数	$K(x, y) = \tanh(a x^{\mathrm{T}} y + c)$

若存在最优分类超平面,应满足条件式(3.50),即

$$\left. \begin{array}{l} \omega^{\mathrm{T}} K(x^i) + b \geqslant 1, \quad y^i = 1 \\ \omega^{\mathrm{T}} K(x^i) + b \leqslant -1, \quad y^i = -1 \\ i = 1, 2, \cdots, m \end{array} \right\} \tag{3.50}$$

然而对于线性不可分的问题则需要引入一个松弛因子 ζ_i 来进行优化求解,因此可以将式(3.50)转化为下面的优化问题,如式(3.51)所示,即

$$\left. \begin{array}{l} \min K(\omega) = \dfrac{1}{2} \|\omega\|^2 + c \sum_{i=1}^{m} \zeta_i \\ \text{s.t.} \quad y^i (\omega x^i + b) \geqslant 1 - \zeta_i \\ i = 1, 2, \cdots, m \end{array} \right\} \tag{3.51}$$

式中,c 为惩罚因子,ζ_i 为松弛因子。

惩罚因子 c 决定了有多重视离群点带来的损失,c 越大,重视程度越高。并不是所有样本都有松弛因子 ζ_i,对于非离群点,$\zeta_i = 0$。

目前对于 SVM 参数的自动选择方法也有很多。例如李国进等(2019)利用粒子群算法(PSO)改进了 SVM 分类算法,并用其对水体中叶绿素 a 的含量进行了预测。Melgani 等(2004)较早开展了 SVM 在高光谱遥感图像分类领域中的应用研究。盖超会等(2019)利用改进的布谷鸟算法与 SVM 相结合,实现了对矿用变压器故障的诊断。

3.5.5　光谱匹配分类方法

光谱匹配分类方法主要是利用光谱库中的参考光谱来识别某未知地物光谱的方法。根据参考光谱和未知光谱之间的相似程度来判别未知光谱的地物类型,进而达到地物识别的目的。这类方法主要包括光谱角填图匹配、二值编码等(张良培等,2011)。

光谱角度制图方法把高光谱图像中每个像元的光谱值或 DN 值视为一个高维向量,通过计算两向量间的广义夹角来度量光谱间的相似性,夹角越小,两光谱越相似,属于同类地物的可能性越大,因而可根据光谱角的大小来辨别未知数据的类别。广义夹角定义为式(3.52),即

$$\cos(\alpha) = \frac{\boldsymbol{X} \cdot \boldsymbol{Y}}{\|\boldsymbol{X}\| \|\boldsymbol{Y}\|} \tag{3.52}$$

其中

$$\alpha = \arccos \frac{\sum_{i=1}^{n}(x_i y_i)}{\sqrt{\sum_{i=1}^{n} x_i^2} \sqrt{\sum_{i=1}^{n} y_i^2}} \tag{3.53}$$

式中,$\alpha \in \left[0, \dfrac{\pi}{2}\right]$,$\boldsymbol{X} = (x_1, x_2, \cdots, x_n)$ 和 $\boldsymbol{Y} = (y_1, y_2, \cdots, y_n)$ 是不为零的光谱向量(张良培 等,2011)。

分类时,通过计算未知数据与已知光谱库中数据的光谱角,角度越小,意味着越相似,最后把未知数据的类别归入最小光谱角对应的类别中。在彩绘类文物中,SVM 算法是通过对比分析目标影像光谱与标准光谱内各颜料光谱曲线,从而确定未知像元所属的物质颜料材质的类别。光谱角度制图分类侧重于利用光谱向量的方向,而其长度不是主要因素,所以该算法对于其他的增益系数并不灵敏,光谱向量的长度代表着影像的亮度值,不考虑光谱向量长度也就是同一物质在不同亮度下依旧会被同等对待,那么亮度这一因素的干扰降到了最低。

3.5.6　持续发展中的分类方法

随着遥感传感器性能的不断改进,获取的遥感影像数据特征变化显著,如空间分辨率和光谱分辨率的提高,给分类方法带来了新的挑战。因而,高光谱图像分类方法发展迅猛,每年都有新的理论和方法被提出。

根据参与分类过程的特征类型及其描述不同,可以将高光谱图像分类算法划分为基于光谱特征分类、整合空间-光谱特征分类及多特征融合分类(张兵,2016)。

在基于光谱特征分类方面,除了经典的光谱角度制图方法与最大似然分类方法外,近年来的研究热点主要集中在一般不需要正态分布条件假设的非参数分类方法方面。代表性的有决策树、神经网络、混合像元、稀疏表达及基于核函数的分类方法。此外,针对小样本问题提出的半监督分类、主动学习方法可利用有限的训练样本挖掘大量的未标记像元样本。还有结合最新的人工智能与仿生学等领域的研究进展而引入的一些分类方法,如基于人工免疫网络、群智能算法、卷积神经元网络及深度学习等。

在整合空间-光谱特征分类方面,可以分为空间-光谱特征同步处理和后处理两种策略(Fauvel et al,2013)。同步处理策略将提取的空间特征和光谱特征一起输入分类器得到分类结果,可采用简单组合方式,也可将其分别变换到不同的核空间中,通过多核复合来融合空间和光谱特征。后处理策略可以理解为在光谱分类处理基础上再利用图像的空间特性对光谱处理结果进行重排列和重定义。例如,子空间向量机与马尔可夫随机场模型整合高光谱图像分类方法、自适应邻域约束改进的K-均值聚类算法、智能化算法与马尔可夫随机场模型相结合方法等(杜培军等,2016)。

在多特征融合分类方法方面,已经能够融合纹理、空间相关性、光谱特征及其他特征用于高光谱图像分类。例如 Chen 等(2011)用多种方法提取纹理特征,利用顺序前进法进行融合,最后与光谱信息融合而进行分类,取得了较高的分类精度;赵银娣等(2006)结合多通道 Gabor 滤波器和马尔可夫随机场模型对纹理图像进行分析,融合了纹理特征、光谱特征及像元形状特征,实现了对遥感图像的分类;Ni 等(2014)利用边缘约束的马尔可夫随机场模型将 LiDAR 数据与高光谱数据进行融合分类,在保证分类精度的同时保留了城市地物的细节特征。

高光谱影像的分类方法是国内外的研究热点,目前一些已经比较成熟的方向包括核变换技术、特征挖掘技术、半监督学习和主动学习、光谱-空间分类、稀疏表达、多分类器集成、人工智能技术等。

3.6　混合像元分解

所谓混合像元,是指由于空间分辨率的限制,导致影像上一些像素包含的探测目标不唯一,即某些像元的测量值是由多种探测目标的反射光谱混合而成的。高光谱遥感具有极高的光谱分辨率、较多的波段,能够提供完整、连续的光谱曲线,在物质识别和信息提取等方面有明显的优势(张良培,2014)。同时,由于传感器制造工艺和成像方式的影响,高光谱成像在追求甚高光谱分辨率的同时,不可避免地会导致其空间分辨率较低。如果再考虑探测对象在空间分布上的复杂多样性,则对高光谱影像而言,混合像元现象愈加明显。高光谱影像的像元解混一直是遥感领域的研究热点。

高光谱图像的混合像元分解有两个基本步骤:一是确定组成混合像元的基本地物,二是计算各个基本地物在混合像元中所占的比例。前者称为端元提取(endmember extraction),指的就是从高光谱影像中获取目标的"纯"像元,或者从地面实测和光谱库中得到纯光谱。后者称为丰度反演(abundance inversion),指的就是负责计算各个组成混合像元的纯净端元的比例(Keshava et al,2002)。对彩绘类文物而言,在艺术品创作时,多种颜料混合调色更为常见,目前其光谱解混大多借鉴遥感中的各种方法。本节首先介绍了常见的光谱混合模型,结合彩绘类文物的实际情况,介绍了常见的端元提取和丰度反演方法。

3.6.1　混合颜料光谱模型

高光谱混合像元可分为线性混合和非线性混合两大类。如果不同目标物在空间上分布非常紧密,可认为是非线性混合,否则可以视为线性混合。矿物颜料本质上是矿物,遵循矿物混合的规律。一般来说,线性模型具有建模简单、物理意义明确、便于理解等特点,很多的研究都是基于线性模型进行的;非线性模型则更多地考虑了实际情况中光谱传输及光谱间相互作用等诸多因素的影响,能够很好地解释实际光谱混合的过程,但是该模型需要较多的先验知识,且比较复杂,不便于处理。有学者利用 Hapke 辐射传输模型,实现了将非线性模型转化为线性模型(林红磊 等,2016)。实验室光谱数据的研究表明,在处理混合矿物光谱时,往往采用的是线性模型(王润生 等,2010)。因而,在对矿物颜料光谱数据进行分析时,常常将其视为线性模型来进行处理。

线性模型可表示为式(3.54),即

$$\boldsymbol{X} = \sum_{i=1}^{n} c_i \boldsymbol{e}_i + \boldsymbol{Q} \tag{3.54}$$

式中,n 为端元个数;$\boldsymbol{X}$ 为高光谱某像元观察值,为混合光谱;$\boldsymbol{e}_i$ 为第 i 个纯净端元光谱,是 $m \times 1$ 的列向量,m 为波段数;c_i 为纯净端元 e_i 所对应的比例,即丰度;Q 为误差项。

根据模型所对应的实际物理含义可知,端元丰度的取值是大于零的,并且各端元丰度之和加起来为 1,即 $c_i > 0$ 且 $\sum_{i=1}^{n} c_i = 1$。

3.6.2 典型端元提取方法

端元提取算法,指的是提取纯净像元的过程,可以分为基于投影的方法、基于凸几何分析方法和基于统计分析方法等几类(童庆禧 等,2016)。

1. 基于投影的方法

1)纯净像元指数算法

纯净像元指数(pure pixel index,PPI)算法最早是由 Boardman 于 1995 年提出的,是目前使用较多的一种基于图像的监督端元提取算法(Boardman et al,1995)。计算时,通常需要进行降维,选取降维后的前几个信息量大且噪声少的主要成分组成的特征空间,随机生成穿过数据云的测试向量,然后将数据点投影到测试向量上。投影在测试向量两端的数据点属于端元的可能性较大,用一个阈值选出在这个测试向量两端的极值点。然后,继续生成新的随机向量,重复上述步骤,记录图像中每个像元作为极值点的频度,即为 PPI 指数。PPI 指数越高,意味着像元的纯度也越高。最后将 PPI 的结果利用 n 维散点图进行可视化,从中手动选择感兴趣区域的端元。

2)正交子空间投影算法

根据是否需要事先知道全部的端元矩阵,正交子空间投影算法可以分为监督与非监督两种。监督正交子空间投影算法是建立在已知全部的端元矩阵的基础上,通过寻找端元矩阵中模最大的光谱向量,投影到该向量的正交子空间中进而消去该光谱向量的成分,不断重复该过程,直至满足一定的阈值或残差。非监督正交子空间投影算法,顾名思义能够在先验知识不足的情况下自动提取出端元,该算法基于凸面几何学理论,认为正交子空间中亮度最大的像元为候选的端元,将其投影到对应的正交子空间中得到候选的端元矢量,不断重复该过程,直到满足设定的端元个数或者分解误差的要求(吴波 等,2004)。

2. 基于凸几何分析方法

基于凸几何分析方法,指的是以凸面几何模型为基础建立起来的端元提取算法。该方法认为在理想状态下,高光谱影像中所有的像元都可以被一个凸面几何体包围起来,而构成这个凸面几何体的顶点就是端元所在,也就是纯净像元的位置,代表算法包括 N-FINDR 算法(Winter,1999)和顶点成分分析法(Chang et al,2016)。

1)N-FINDR 算法

N-FINDR 算法是 Winter(1999)提出的基于凸面几何学理论,通过寻找特征空间中体积最大的单形体,其顶点即为所求的端元(许宁 等,2019)。对高光谱数据进行 N-FINDR 算法时,首先需要指定端元数目 p,使用 MNF 变换对数据降维至 $p-1$ 维。其次随机选取 p 个像元作为初始端元 $\boldsymbol{M}=[\boldsymbol{m}_1\ \boldsymbol{m}_2\ \cdots\ \boldsymbol{m}_p]$ 组成凸面体,并计算其体积 V_1,如式(3.55)所示。然后遍历图像中其他像元代替候选端元重新计算单形体体积,直到获取最大体积。

$$V_1 = \frac{1}{(p-1)!} |\det(\boldsymbol{M})| \tag{3.55}$$

式中,p 为端元数目,$\boldsymbol{M}$ 为端元矩阵,其每个 $\boldsymbol{m}_i$ 为与 i 端元对应的 $p-1$ 维列向量,$\det(\boldsymbol{M})$ 为 $\boldsymbol{M}$ 的行列式。

2)顶点成分分析法

相对于 N-FINDR 算法来说,顶点成分分析法(vertex component analysis,VCA)在时间复杂度和解混精度上有所改进,它是通过计算最大正交投影来逐个提取端元(Nascimento et al,2005)。其主要基于两个条件:第一,高光谱图像中的端元是单形体的顶点;第二,一个单形体的仿射变换仍是一个单形体。在进行 VCA 算法前,根据图像信噪比不同,分别使用 PCA 和奇异值分解(singular value decomposition,SVD)进行降维。VCA 算法是:将图像数据投影到特征空间中一个随机向量的方向,直接将具有最大投影的像元作为第一个候选端元;然后将所有像元投影到提取端元的正交单位向量上,并将具有最大投影的像元作为新的端元;依次循环,直到找到所有端元等于设定的端元数目为止。

3)最小体积单形体分析法

Li 等(2015)提出的最小体积单形体分析法(minimum volume simplex analysis,MVSA),是通过从内向外扩张的方法得到包含所有像元点的最小体积的单形体来获取端元。在端元提取之前,需要确定端元数目 p 且需要降维,使得图像波段数 $L=p$,得到降维后的图像矩阵 $\boldsymbol{Y} \in \mathbf{R}^{p \times n}$。当 $L=p$ 时,被压缩后的图像端元矩阵 $\boldsymbol{M} \in \mathbf{R}^{p \times p}$ 为方矩阵且所有端元线性无关,MVSA 算法就是求解最优化问题,如式(3.56)所示,即

$$\left.\begin{aligned} \boldsymbol{M}^* &= \operatorname*{argmin}_{M}(|\det(\boldsymbol{M})|) \\ \text{s. t.}\ \boldsymbol{QY} &\geqslant 0, \quad \boldsymbol{1}_p^{\mathrm{T}}\boldsymbol{QY} = \boldsymbol{1}_n^{\mathrm{T}} \end{aligned}\right\} \tag{3.56}$$

式中,$\boldsymbol{M}$ 为端元矩阵,$\boldsymbol{Q}=\boldsymbol{M}^{-1}$,$\det(\boldsymbol{M})$ 为 $\boldsymbol{M}$ 的行列式,$\boldsymbol{Y}$ 为降维后的图像矩阵,p 为端元数目,n 为像元总数,$\boldsymbol{1}_p^{\mathrm{T}}$ 和 $\boldsymbol{1}_n^{\mathrm{T}}$ 分别为元素全为 1 的 p 维和 n 维行向量。因为 $\det(\boldsymbol{Q})=1/\det(\boldsymbol{M})$,则式(3.56)可以转换为式(3.57),即

$$\left.\begin{aligned} \boldsymbol{Q}^* &= \operatorname*{argmin}_{M}(|\det(\boldsymbol{Q})|) \\ \text{s. t.}\ \boldsymbol{QY} &\geqslant 0, \quad \boldsymbol{1}_p^{\mathrm{T}}\boldsymbol{QY} = \boldsymbol{1}_n^{\mathrm{T}} \end{aligned}\right\} \tag{3.57}$$

根据式(3.57),提取端元可以转换为通过二次序列规划求解 Q 值的问题。

3. 基于统计分析方法

一般来说,端元提取方法多是以图像为研究对象,并且假设图像中存在纯净像元,然后经过投影变换或者稀疏表达来提取纯净像元。然而,在一些实际应用中,高光谱影像中可能并不存在纯净像元,如书画表面的颜料混合,很多情况下很难找到纯净像元。相关统计分析方法不要求纯净像元的存在,利用最优化思想对混合像元光谱直接进行分离,将混合光谱用两个矩阵相乘的形式来表达,其中一个矩阵视为分离出来的端元光谱矩阵,每一列就是一个端元,与之相对应的另外一个矩阵则认为是丰度。基于统计分析方法常见的算法有独立成分分析算法(independent component analysis,ICA)和非负矩阵分解算法(non-negative matrix factorization,NMF)。独立成分分析算法假设各个成分统计独立,要求源信号之间满足非高斯性的特点;非负矩阵分解算法要求待分解的矩阵非负。这两种算法的分解模型与线性模型较为相似,便于理解,因而得到广泛的研究和应用(Hopgood et al,2003)。

1)ICA 算法

ICA 算法是在 1985 年由法国学者 Herault 提出,用于解决信号分解的问题。该算法能够在源信号未知的情况下,仅凭观测到的混合信号便可分离出源信号。传统的 ICA 算法矩阵之间的运算较为繁复且收敛速度慢,芬兰学者 Hyvrinen 基于定点迭代算法,提出了一种快速 ICA 算法,也称之为 FastICA 算法(Hyvrinen,1999)。该算法克服了传统 ICA 算法的缺点,具有收敛速度快、无须引入调节步长等人为设置参数等特点,适用于高光谱数据的分析(常睿春 等,2013)。

假设观测到的混合颜料光谱由若干端元光谱线性混合而成,那么用公式可表示为式(3.58),即

$$X = AS + E \tag{3.58}$$

式中,X 为观测信号,A 为端元光谱丰度矩阵,S 为独立的端元光谱,E 为观测噪声矩阵。

实际上,能观察到的仅有混合光谱信号 X,在没有任何先验知识的基础上,通过 X 来估计出 S 和 A。忽略误差项,在实际使用 ICA 算法求解的过程中,往往通过一个中间变量 W 来间接求解。只要找到 W,使得 $Y = WX = WAS$ 成立,并且满足 Y 的每一行的非高斯性最高,就可以计算出分量 X。这是因为 Y 每行的非高斯性越高,就越不可能是由其他端元光谱组成的混合光谱,也就越接近于某个独立的端元光谱,这时候可认为 Y 就是 S 的一个估计值,Y 的每一行也就是分离出来的端元光谱。当寻找到的 W 恰好是 A 的逆矩阵时,分量 S 能够按照顺序被分离出来;若不是,则分量 S 会存在一个次序和幅度上的不确定性,通常表现为分离出来的分量光谱的形状完全相反。

由以上分析可知,对 Y 每行的分量非高斯性程度的判断是很重要的,通常可以采用峭度、负熵等指标来衡量。

2)NMF 算法

NMF 算法最早是由 Daniel D. Lee 和 H. Sebastian Seung 在 1999 年提出的,已广泛应用于模式识别、图像融合、遥感图像解混等方面。该算法要求矩阵中所有元素均为非负,在不考虑误差的情况下,将矩阵表示为两个非负矩阵完全相乘的结果。其非负性特点往往在实际应用中具有明确的物理意义,如高光谱影像一般是观察目标的辐射亮度或者反射率,满足非负性的要求,因此可以将 NMF 算法用于高光谱的端元提取。

与 ICA 算法类似,NMF 算法可用式(3.59)表示,即

$$X = AS + E \tag{3.59}$$

式中,X 为观测信号,即待处理的高光谱影像;S 为独立的端元光谱;A 为端元光谱丰度矩阵,要求三个矩阵的元素非负;E 为误差矩阵,并且 $\|E\|$ 尽可能小。在高光谱解混中,端元数目的取值范围远小于高光谱图像的行和列的值,一般可以由先验知识或者通过端元个数估计算法计算得到。因为 A 中的向量并不正交,所以无法通过构造变换矩阵(如傅里叶变换矩阵、小波变换矩阵等)来得到分离矩阵。

若不考虑误差项,对于由一个已知量 X 求解出两个未知量 A 和 S 的问题,往往转化为式(3.60)来求解(刘雪松 等,2011),即

$$\min \|X - AS\| \tag{3.60}$$

NMF 算法本质上也是一个优化问题,通过定义目标函数和选择合适的优化准则来求解矩阵 A 和 S。典型的目标函数包括最小化欧氏距离式(3.61)和 K-L 散度式(3.62),即

$$J(X,AS) = \|X - AS\|^2 = \sum (x_{ij} - (as)_{ij})^2 \tag{3.61}$$

$$D_{K-L}(X,AS) = \sum \left(x_{ij} \log \frac{x_{ij}}{(as)_{ij}} - x_{ij} + (as)_{ij} \right)^2 \tag{3.62}$$

NMF 算法改变了传统的加法迭代准则,将其转化为交替乘法迭代,得到单调下降收敛算法,解决了传统迭代算法需要手动设置迭代步长的问题,转变为自动调整参数。结合目标函数,不断交替迭代计算 A 和 S 的值,直到达到最优解,即固定第 n 次迭代的 $A^{(n)}$ 来计算第 $n+1$ 次的矩阵 $S^{(n+1)}$,然后再利用 $S^{(n+1)}$ 来计算 $A^{(n+1)}$。其中,基于欧氏距离使用的较为广泛,其迭代公式如式(3.63)和式(3.64)所示(卓莉 等,2015),即

$$A \leftarrow A \times \frac{(XS^{\mathrm{T}})}{(ASS^{\mathrm{T}})} \tag{3.63}$$

$$S \leftarrow S \times \frac{(A^{\mathrm{T}}X)}{(A^{\mathrm{T}}AS)} \tag{3.64}$$

从公式来看,该算法在于寻找到一组基向量,使得目标函数最小化。对于混合颜料光谱分离来说,各个纯净颜料光谱就是这样的一组基向量,因而求解出这组基向量,就相当于得到了构成混合光谱的端元光谱。

3.6.3　端元丰度反演

在确定端元数量、获取端元光谱,经过光谱识别之后,就可以进行求解端元的丰度值,也就是混合颜料的比例。丰度反演的方法有很多,在此只介绍经典的最小二乘法、单形体体积法和基于稀疏回归分析方法。

1. 最小二乘法

最小二乘法作为一种经典的优化算法,是通过计算因变量和自变量之间的最小化平方和来求解目标参量的最优值,也经常用于解决曲线拟合的问题。将最小二乘法用于高光谱混合像元解混中,由于高光谱波段数目众多,端元个数远远小于波段个数,相当于由很多的方程来求解少量的未知数,可以看作是一个多元线性回归的问题来进行求解。

假设获取的高光谱数据含有的波段数为 L,那么每一个混合像元可以列出 L 个观测方程,如式(3.65)所示,即

$$
\left.
\begin{aligned}
y_1 &= \sum_{j=1}^{n} a_{1j} x_j + n_1 \\
y_2 &= \sum_{j=1}^{n} a_{2j} x_j + n_2 \\
&\vdots \\
y_L &= \sum_{j=1}^{n} a_{Lj} x_j + n_L
\end{aligned}
\right\}
\tag{3.65}
$$

用矩阵形式表示为式(3.66),即

$$
\boldsymbol{Y} = \boldsymbol{AX} + \boldsymbol{N} \tag{3.66}
$$

式中,$\boldsymbol{Y}$ 是 $L \times 1$ 的列向量,$\boldsymbol{A}$ 是 $L \times n$ 的矩阵,$\boldsymbol{X}$ 是 $n \times 1$ 列向量。根据矩阵论的相关知识可知,当方程的个数小于待求解的参量个数时,也就是 $L < n$ 时,该方程无解,也被称为欠定方程组。当方程的个数大于待求解的参量个数时,称之为超定方程组,也没有精确解。高光谱数据的波段数目众多,端元数量 n 远小于波段数 L,属于超定方程组。若按照一般的求解方程算法,是不可能获得精确解的,但是可以通过优化算法求出一个近似解。

一般来说,在求解超定方程组时,往往转化为求解 $\min\|\boldsymbol{AX} - \boldsymbol{Y}\|$ 的值,也就是解出使得 $\min\|\boldsymbol{AX} - \boldsymbol{Y}\|$ 成立的 $\boldsymbol{A}$ 的值。这就将原本无确定解的方程组转化为一个求近似解的过程,关于此类优化算法有很多方法都可以计算出结果,在此不再赘述。

　　直接利用最小二乘法求解混合像元中端元比例,其解混效果并不如人意,解算出来的端元丰度往往会出现小于 0 或者大于 1 等情况。考虑到端元丰度的实际值的取值范围,在求解最小二乘法中加入一些约束条件,如端元丰度非负、端元丰度之和为 1 等,进一步提高解混的精度。

2. 单形体体积法

　　单形体体积法与端元提取算法中的基于凸面几何分析方法的原理有异曲同工之处,同样都是基于凸面几何体的原理,认为端元是构成高光谱图像中的基本元素,在这里端元是 N 维波段特征空间的一个点(N 的个数与波段数相同),其他所有的像元都可以由端元组表示出来,只不过单形体体积法巧妙利用了凸面几何体的顶点即端元的思想,将端元的丰度表达为两个凸面几何体的体积之比。

　　下面就以两个波段、三个端元为例,来说明该算法的原理,如图 3.9 所示。

　　如图 3.9 所示,像元 P 位于端元 A、B、C 构成的三角形中,那么端元 A、B、C 的丰度可分别以式(3.67)表示,即

$$C_A = \frac{S_{PBC}}{S_{ABC}}, \quad C_B = \frac{S_{PAC}}{S_{ABC}}, \quad C_C = \frac{S_{PAB}}{S_{ABC}} \tag{3.67}$$

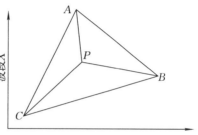

式中,S_{ABC} 为三角形 ABC 的面积,S_{PBC}、S_{PAC}、S_{PAB} 是对应的三角形面积。同样地,该结论可以推广到高维空间中,二维空间中

图 3.9　两个波段中求解混合像元丰度示意图

的丰度可由面积之比计算得到,在高维空间中丰度则通过体积之比求得,耿修瑞等(2004)已经给出了详细的推理过程,在这里,仅给出计算丰度的公式,如式(3.68)所示,即

$$C_i = \frac{V_i}{V_0} \tag{3.68}$$

式中:V_i 表示凸面单形体内任意一点 P 与凸面单形体的顶点集($O, e_1, e_2, \cdots, e_{i-1}, e_{i+1}, \cdots, e_n$)所围成的体积;$V_0$ 表示凸面单形体的所有顶点($O, e_1, e_2, \cdots, e_n$)所围成的体积,C_i 表示端元 e_i 在混合像元 P 中的丰度,也就是所占比例的多少;O 点视为高维空间中原点的所在,在这里也当作一个向量。

　　其中,适用于高光谱等高维度的凸面单形体的体积公式为式(3.69)和式(3.70),即

$$A = \begin{bmatrix} P_1 & P_2 & \cdots & P_n \end{bmatrix} \tag{3.69}$$

$$V(P_1, P_2, \cdots, P_n) = \frac{1}{n!} \sqrt{|A^T A|} \tag{3.70}$$

式中,($P_1, P_2, \cdots, P_n$)代表图像中的像元,n 为像元个数,$V(P_1, P_2, \cdots, P_n)$ 表示

以 $(\boldsymbol{P}_1,\boldsymbol{P}_2,\cdots,\boldsymbol{P}_n)$ 及顶点 $\boldsymbol{O}$ 为原点的凸面单形体的体积。

　　与最小二乘法相比,单形体体积法能够避免复杂的矩阵乘积运算解算,巧妙地利用端元在混合像元中的含量与体积比之间的关系,把复杂的问题简单归结为求解两个单形体体积的比值上,不需要将高光谱数据进行 NMF 降维处理,在一定程度上减少了计算的复杂度。

3. 基于稀疏回归分析方法

　　由于高光谱波段数众多,端元的种类数目远远小于波段数目,因而构成的端元矩阵是有确定解的,一般不存在无解或者不确定解的情况。但是当端元矩阵中的端元数超过或者多于波段数时,就存在着解不确定的问题,这时候的端元矩阵的求解实则是一个欠定的问题,这就意味着未知量太多,而已知的方程个数过少,按照一般的求解算法,这是无解的。Donoho(Donoho,2006) 及 Tao 等(Tao et al,2006)经过研究后发现通过基于稀疏回归分析的方法可以使得该问题得到解决。所谓稀疏回归分析,指的就是光谱矩阵中含零的元素众多,因而整个矩阵是稀疏的。从端元分析的角度来看,该方法假定存在一个巨大的光谱库,影像中的任何一个端元都可以被该光谱库中的若干光谱线性表示。稀疏分解的问题主要为分解出来的端元仅仅满足少部分影像的需求,并不适合于该影像内的所有混合像元,使得结果有可能包含不存在于影像中的地物种类(童庆禧 等,2016)。

　　基于以上问题,用于高光谱图像解混的协同稀疏解混模型(张良培 等,2016;袁静 等,2018)如式(3.71)所示,即

$$\left.\begin{array}{l}\min_{\boldsymbol{X}}\|\boldsymbol{A}\boldsymbol{X}-\boldsymbol{Y}\|_F^2+\lambda\sum_{k=1}^{m}\|x^k\|_2\\[2mm]\text{s. t. }\boldsymbol{X}\geqslant 0\end{array}\right\} \tag{3.71}$$

式中,x^k 表示丰度矩阵 $\boldsymbol{X}$ 的第 k 行(对应第 k 个端元在图像中的丰度),$\sum_{k=1}^{m}\|x^k\|_2$ 表示 $\boldsymbol{X}$ 的 $\ell_{2,1}$ 范数,是促进 $\boldsymbol{X}$ 行稀疏性的混合范数,如式(3.72)所示,即

$$\sum_{k=1}^{m}\|x^k\|_2=\|\boldsymbol{X}\|_{2,1} \tag{3.72}$$

式中,对矩阵 $\boldsymbol{X}$ 的行向量分别求 2-范数(即对每行元素求绝对值平方和再开方),得到一个列向量,然后再计算其 1-范数(即所有元素绝对值之和),则式(3.71)可以变为式(3.73),即

$$\left.\begin{array}{l}\min_{\boldsymbol{X}}\|\boldsymbol{A}\boldsymbol{X}-\boldsymbol{Y}\|_F^2+\lambda\|\boldsymbol{X}\|_{2,1}\\[2mm]\text{s. t. }\boldsymbol{X}\geqslant 0\end{array}\right\} \tag{3.73}$$

式中,$\min_{x} f(x)$ 是返回使得 $f(x)$ 具有最小值的 x,对式(3.73)中前后两项进行约束,第一项说明了像素重构误差,第二项说明了解的稀疏性。

第4章 表面颜料高光谱识别

表面颜料高光谱识别是指利用成像光谱仪、光谱辐射仪等获取文物表面彩绘在一定波长范围内的反射光谱,与标准颜料光谱库进行匹配,最后对表面颜料的化学成分、主要类别、空间分布、构成比例等进行研究的相关方法和技术。

本章主要对表面颜料高光谱识别的方法进行阐述,包括光谱库建设、点状颜料识别、聚类识别及复合颜料识别。

4.1 颜料光谱识别方法

4.1.1 颜料识别的意义

彩绘类文物是指通过胶结材料黏合作用使颜料附着于载体材料上的文物,主要包括壁画、字画、彩绘陶器、彩绘泥塑、古建油饰彩画等(何秋菊 等,2012),其存世数量较多。彩绘类文物表面色彩绚丽,形象栩栩如生,有利于考证古代政治、经济、文化、风俗、科学技术等发展状况,具有极高的艺术欣赏和考古研究价值,是古代灿烂文化艺术之瑰宝。彩绘类文物在文物中占据着重要的地位,是文物体系中的重要组成部分。

然而,由于存世年代久远,彩绘类文物受到自然环境(潮湿、高温、光照、灰尘)或人为保护措施不当等因素的影响,不可避免地会出现不同程度的自然老化和病害,如颜色的褪色、画面的破损缺失、污渍霉变等。因此,将现代科技与传统方法相结合应用于彩绘类文物的数字化保护与修复已经成为当前研究的热点。

中国古代绘画常用的颜料或染料丰富多样,常取材于自然界的矿物、植物和动物,大多数稳定性强,历经千年,画面仍栩栩如生。不同种类不同比例颜料的巧妙搭配形成了彩绘类文物表面绚丽多彩的文字和图案,承载着浓重的文化气息,反映着文明的前进足迹。

对彩绘类文物表面颜料的识别与分析是该类文物数字化保护和本体修复研究中的重点,其意义在于:其一,通过颜料的分析可以确定颜料的材质和含量、褪变色规律、颜料的风化产物与风化机理等,为彩绘类文物的数字化保护和本体修复提供量化的科学依据;其二,颜料的使用具有显著的时代特征和地域特点,因而通过颜料的分析,可以对文物的产地、辨伪、鉴定、工艺、施彩技术及时间演化等方面的研究提供辅助的支撑信息(王继英 等,2012);其三,能更加全面地将彩绘类文物的现状以数字化的形式予以留存和流通,以满足更多的受众品鉴欣赏,并留待后人继续研究。因此,开展彩绘类文物颜料成分的分析与表征研究,对于古代彩绘类文物的研究、保护及修复具有十分重要的科学意义和应用价值(武锋强 等,2014)。

由于彩绘类文物保护的迫切性和颜料分析在其中的重要性,目前,许多新的科学技术已经逐渐应用于彩绘类文物的颜料分析与鉴定中。例如偏光显微分析、拉曼光谱分析、X 射线衍射分析、荧光 X 射线分析、激光诱导击穿光谱分析、扫描电镜-能量色散 X 射线分析、电子显微分析、近红外光谱分析等(李蔓 等,2016)。通过这些新的技术或者它们的合理组合,能够基本测定文物所用颜料的元素、结构及外在形貌等特征。然而,现有的方法存在着几个难点。

第一,除了拉曼光谱分析之外,都需要从文物本体上采集颜料样本,对文物而言这本身就是二次伤害。而且样本的采集范围主要依靠文物保护专家的眼睛和主观经验判断,对可见光呈色一致而对其他波段光谱有异的不同种类颜料无法有效区分取样。第二,上述方法都是对文物表面点状或局部区域的取样和分析,难以实现整个文物表面全覆盖的数据获取和颜料鉴定。第三,上述方法多用于鉴定颜料成分,其中拉曼光谱分析虽然能够识别出多种颜料的混合,但也较难定量分析每种颜料的具体含量。

而光谱是决定物体表面颜色的本质性因素,采用光谱表示颜色,能够保证颜色量化和分析的准确性(王功明 等,2015)。因此,近年来,高光谱成像技术由于具有完全无损检测,能同时获取文物表面的空间图像信息和较宽的光谱信息,被应用于文物的颜料识别中。高光谱在颜料识别方面的应用可以分为三个阶段。第一阶段,多光谱阶段,受到地面仪器光谱分辨率的限制,这个阶段一般使用多光谱数据进行处理,常用于单种颜料的识别。第二阶段,高光谱颜料识别阶段,主要的研究思路通常是先建立颜料光谱库,然后获取待识别目标的光谱,最后依据某种判据(如光谱角)来对待识别光谱和光谱库中的光谱进行匹配从而达到识别颜料的目的。第三阶段,混合颜料解混阶段,将彩绘表面视为多种复合颜料的呈色,用高光谱技术来研究颜料的种类和比例。

4.1.2　高光谱颜料识别

高光谱技术用于文化遗产的颜料识别已经成为国内外的研究热点,并且涌现出多种方法,从最后检测的结果而言,可以将其分为单一颜料识别和复合颜料解混两大类,各自的主要特点如表 4.1 所示。

其中,单一颜料识别又可以细分为点状匹配和面状聚类。点状匹配主要应用于对颜料识别要求不太高的方向,可以使用光谱辐射计,分散测量画面上代表性颜色的反射光谱值,对同种颜色光谱进行多次测量,进行平均后,将光谱曲线和颜料光谱库中的标准光谱进行匹配。匹配方法有光谱角、特征量及分段线性光谱匹配等,最后给出画面上一些点的颜料匹配结果。

表 4.1 高光谱颜料识别方法的类别及特点

类别	子类	基准	仪器	方法	结果	复杂程度
单一颜料识别	点状匹配	颜料光谱库	光谱辐射计	光谱曲线匹配;分段光谱匹配;特征参量匹配	点状,单一颜料,含量最高	简单,要求不高
	面状聚类	颜料光谱库	成像光谱仪光谱辐射计	聚类算法+点状匹配	面状,同质图斑,单一颜料	适中
复合颜料识别	点状或面状	颜料光谱库	成像光谱仪光谱辐射计	光谱混合模型;端元提取;丰度反演	点状或面状,复合颜料,丰度图	复杂

单一颜料识别的面状聚类主要是对高光谱影像进行聚类分析,根据反射光谱值将画面分割成为一块块同质区域,然后再将同质区域内测量的点状光谱进行平均,然后与光谱库进行匹配,分割后的同质图斑为最小单位,给出颜料的匹配结果。其原理之一,在于成像光谱仪在实现空间成像与光谱测量的同时,其光谱分辨率一般要低于点状的地物光谱仪(光谱辐射计),因此,先用成像光谱仪的图像分割图像,然后用点状的数据进行匹配,提高匹配精度。其原理之二,是为了防止在选择测量点的时候,由于某些颜料的呈色效果或褪色等因素影响,使人眼选择的测试点出现失误,即"同色异物"现象(不同的颜料,画面上的视觉颜色一致)。最后提供的是覆盖整个表面的颜料填图。

复合颜料的识别主要针对绘画表面可能存在由多种颜料混合呈色的情况,将高光谱影像上的每个像素视为多种颜料混合而成的复合色,利用高光谱遥感中光谱混合理论,利用像元解混方法来识别画面上每一个点所构成颜料的种类和每种颜料的比例。

以上三种颜料识别都需要与标准颜料库的光谱数据进行匹配,其数据的质量直接影响到颜料识别的精度。

4.2 典型颜料光谱库

光谱辐射是物质的"指纹"信息,即每一种颜料都有其独特的光谱曲线特征,因而可以通过比较颜料反射光谱曲线特征来识别颜料的种类,这是颜料识别的理论基础。而为了确定颜料的类别,则需要建立不同颜料的标准光谱库,作为颜料光谱匹配的参考基准,因此,典型颜料光谱库是实现颜料识别的前提。为此,本节回顾了中国绘画常用的颜料,设计了颜料的样本,在实验室利用地物光谱仪进行了光谱采集,建立了典型颜料光谱库。典型颜料光谱库的建立能够为文物保护和修复工作者提供颜料识别和颜色分析等基础数据。

4.2.1　光谱库颜料选择

中国古代颜料种类繁多,大部分是天然颜料及少量合成颜料。天然颜料当中无机矿物居多,如朱砂、赭石、石青、石绿和土黄等。天然矿物经过粉碎、研磨、漂洗、精制成颜料,再经艺术家之手创作,成就了一件件精美的艺术品。相比于植物性颜料,矿物颜料的性质更加稳定,能够"经久不衰",所以很多彩绘类文物才能流传至今(周欣 等,2016)。在第 2 章对中国古代常用颜料种类已经进行了总结,如表 2.1 所示。

经过调研,典型颜料光谱库 v1.0 选择大多数古代沿用至今的一些颜料,选购 2~3 种传统颜料制造商的产品,经过化学分析确定其真实成分,然后再使用光谱辐射计测试其光谱。涉及的颜料如表 4.2 所示,包括彩色颜料 22 种,黑色颜料 3 种,白色颜料 6 种及 3 种黏合剂。

表 4.2　光谱库所选颜料样本

类别	名称	数量
红色系	辰砂、铁红、土红、西洋红、胭脂、银朱、赭粉、朱磦、朱砂	9 种
青色系	花青、群青、石青	3 种
绿色系	石绿、松绿、铁绿、枝绿	4 种
黄色系	柠檬黄、石黄、藤黄、土黄、雄黄、枝黄	6 种
黑色系	草灰、草霜、铁黑	3 种
白色系	方解石、蛤粉、胡粉、水晶末、铅粉、云白	6 种
黏合剂	骨胶、明胶、桃胶	3 种

4.2.2　颜料样本制作

经过对国画颜料的调研,选出了古代常用而当今仍然在使用的国画颜料三十几种,其中绝大多数是矿物颜料,还有少部分使用频率较高的植物性颜料,制成实验室颜料样本。

制作实验样本时,由于矿物颜料不能直接绘制于纸上,因此首先需要配置好一定浓度的胶液,然后将胶液与矿物颜料充分混合,接着将颜料用毛笔均匀涂抹到 4 cm×4 cm 宣纸方格中,标记好颜料类型。

1. 颜料的选择

选择合适的矿物颜料对于样本的制作是至关重要的,现代的很多国画颜料虽然其名称与传统的颜料相同,但是往往增添了许多化学添加剂,与古代使用的颜料有较大的差异,需要仔细选择。目前市面上常见的颜料通常分为固体状和粉末状,固体状的通常是已经加好胶的成品,可以直接兑水使用,而粉末状的没有加胶需要自行配置胶液。为了减少胶对颜料光谱的影响,选择的颜料是需要自主配置胶液的粉末状。为了区分纯净颜料粉末和纸本颜料的区别,分别测量了无胶粉末状颜料和加胶后绘制在宣纸上的样本,称之为纯净颜料样本和纸本颜料样本。纯净颜料样本指的是未加入任何黏合剂的纯净颜料粉末,在实验室直接使用地物光谱仪进行采集,其光谱曲线和对应的矿石光谱相近。纸本颜料样本是指将颜料和黏合剂按照一定比例进行调制,然后规则地画在宣纸上,待其完全干燥后,在实验室进行光谱采集,其光谱曲线有明显的宣纸和颜料混合特征,更适用于绘画作品表面颜料分析。选择的部分纯净颜料样本如图4.1所示。

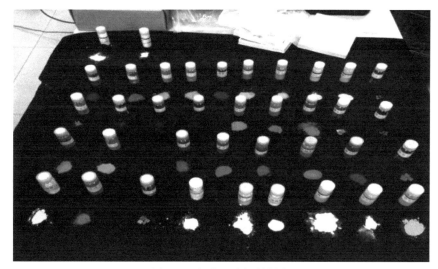

图4.1　部分纯净颜料样本

2. 胶液的配置

一般来说,矿物颜料由于本身性质的原因不能直接使用,往往需要往里面加入胶结材料作为黏合剂使其能够均匀牢固附着于彩绘基层,方能绘制于纸上。而所用的胶的材料可以是动物蛋白、天然植物类和脂肪类等(闫宏涛 等,2012),制作而成的胶的种类有蛋白、牛胶、骨胶、明胶、桃胶等,在本实验中选择明胶作为黏合剂。在配置胶液时,通常将适量的明胶放于冷水中浸泡一段时间,直到明胶吸水后膨胀软化,再放在热水中搅拌至溶化。胶液的浓度调制也和季节有关,一般来说,冬天调制的胶液比较淡,夏天则浓一些。

3. 基底物质的选择

为了与古书画的绘制环境保持一致,以宣纸作为基底材料,将配置好的颜料绘制在宣纸上。选择的是生宣,与熟宣相比,没有涂过明矾,也符合古书画用纸的规律。制作好的部分纸本颜料样本如图4.2所示。

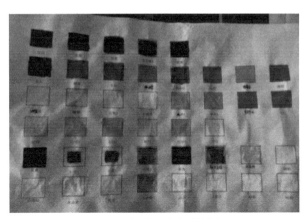

图 4.2   部分纸本颜料样本

4.2.3   光谱测量

颜料反射光谱数据可以使用光谱辐射计测量,其光谱分辨率能满足一般光谱匹配的要求。本实验使用美国 ASD(Analytical Spectral Device)公司生产的 SpecFiled 4,它是一款便携式地物光谱仪,能够测量地物的透视、辐照度和反射率及色度等,广泛应用于农林检测、植被研究、遥感测量、矿物资源勘查及照明研究等各个方面。表 4.3 中是有关于 ASD 地物光谱仪的具体仪器参数。

表 4.3   ASD 地物光谱仪的仪器参数

参数名称	数据参数
光谱范围	350~2 500 nm
采样间隔	1.4 nm@350~1 000 nm;2 nm@1 001~2 500 nm
光谱分辨率	3 nm@350~1 000 nm;8 nm@1 001~2 500 nm
通道数	2 151
尺寸	12.7 cm×35.6 cm×29.2 cm
重量	5.44 kg

ASD 地物光谱仪在测量地物光谱时,往往要根据地物所处的环境随时调整角度、高度、光源等,在野外测量时还要注意大气状况,如湿度、云层密度、风力等。颜料光谱库数据采集地点为室内,采用人工光源,选择的是最为接近太阳光反射光谱的卤素灯。对每一个样本进行 10 次采集,然后取平均值作为标准光谱曲线。

纯净的粉末状颜料不能直接用来作画,通常需要将颜料粉末和黏合剂调制。因此,光谱库分别测量了纯净粉末状颜料样本和加胶颜料宣纸样本的反射光谱,我们分别称之为纯净颜料样本和纸本颜料样本。

图 4.3 和图 4.4 分别列出了粉末状和加胶后的颜料采集的部分光谱反射率数据。

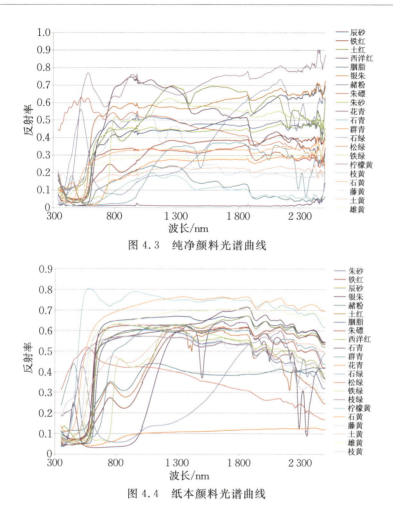

图 4.3　纯净颜料光谱曲线

图 4.4　纸本颜料光谱曲线

4.2.4　光谱库对比

为了验证光谱库中数据的准确性,除了对样本进行化学分析外,还应将获取的光谱与国际常见光谱库中相近的物质进行比较。对大部分矿物颜料而言,是其呈色矿物的混合物,在同一波段位置应该有相同的吸收特征。

ENVI 中有 5 个自带的标准光谱库,分别是 USGS 矿物光谱库、植被光谱库、JPL 光谱库、IGCP264 光谱库及 JHL 光谱库。其中 USGS 光谱库包含近 500 种典型矿物,波长范围是 400~3 000 nm,可见光和近红外波段光谱分辨率分别是 4 nm 和 10 nm。JPL 光谱库是由美国喷气推进实验室所建,包含 160 种较为"纯净"的矿物,按照粒径从小到大分为 JPL1、JPL2、JPL3 三个光谱库,体现不同粒径大小矿物光谱的变化。

如图 4.5 所示,通过 USGS 光谱库来验证所采集的数据,分别导出纯净颜料光谱库和纸本颜料光谱库中的石绿光谱,并找到 USGS 光谱库中对应的矿物光谱曲线——Malachite HS254.3B(孔雀石)的光谱进行比较。

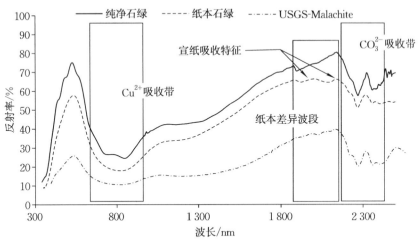

图 4.5　不同光谱库石绿光谱曲线对比

通过比较发现,三条光谱曲线都会在波长为 800 nm 处形成 Cu^{2+} 的吸收谱带,在 2 290 nm 和 2 350 nm 附近都会形成 CO_3^{2-} 的吸收谱带。同时,可以发现纸本石绿光谱在 1 900~2 100 nm 波段位置会产生两个吸收谱带,这是由宣纸产生的吸收特征。

4.3　颜料的点状识别

颜料的点状识别主要是指利用 ASD 等光谱辐射计对彩绘类文物表面感兴趣区域或者代表性颜色区域进行点状反射光谱测量,通常可以选择相同色调部分多点测量进行平均的做法降低误差,然后将测量结果与光谱库中的标准颜料光谱进行匹配,给出研究区域可能的颜料种类。光谱匹配方法很多,本节主要比较了常见的一些光谱匹配方法,提出了一种基于定性约束的加权吸收特征拟合匹配算法,提高了颜料匹配的精度。

4.3.1　传统匹配算法比较

颜料光谱匹配识别的实质就是比较实测样本光谱和标准参考光谱之间的相似程度来判断颜料类别,当两条光谱的特征或者数值差异在某个阈值范围内,则认为它们仅存在微小差别,从而认为是同一种物质。

最常见的是利用光谱间的整体相似性来匹配,即全局性的光谱形状或反射率数值差异,其特点是以光谱库中已知的光谱曲线为准,利用全波段的反射率值或基于整体波形特征进行匹配识别,能充分利用高光谱覆盖波段宽、光谱分辨率高等特点。常见的算法包括最小距离法、光谱角法、光谱信息散度、二值编码等。然而,这些整体相似性测度方法很难全面反映光谱向量差异大小,对于几百甚至上千个波段的光谱曲线较易误判。因此,一些学者采取综合指数以表达光谱间的数值差异和形状差异,可较为全面地描述光谱相似程度,具有较高的适应性(杜培军 等,2003)。例如,基于欧氏距离和相关系数的综合相似性测度(SSS)及基于差值曲线信息熵的光谱综合相似性测度(SDE)等(张浚哲 等,2013)。

通过对常见的光谱匹配算法调研和实验结果分析,表 4.4 列出了常见的光谱匹配算法的比较。

表 4.4　不同匹配算法优缺点对比

匹配方法	优缺点(特点)	适用性
编码匹配	运算速度快,适用于大量数据的粗略匹配,内存使用少,但失去了大量光谱信息	颜料识别中对于整体趋势相同的曲线容易造成误判,需更复杂的编码方式
最小距离	计算速度快,直观反映光谱曲线反射率数值的整体差异,但容易受到噪声影响,匹配前需要进行归一化处理	颜料识别准确率不高,可用于高光谱影像分类
光谱角匹配	从二维空间拓展到 n 维空间,反映了光谱曲线向量夹角的大小,但每个波段贡献值一样,会受到冗余波段影响	适用于基本颜料识别,可以区分出不同色系、整体波形相差大的颜料,对于同色系的颜料区分度不大
光谱信息散度	基于光谱信息概率分布的信息熵作为相似性测度,值域为[0,1],值越大则越不相似	识别效果较好,强调光谱间各分量的信息量
SDE	将数值差异和形状差异进行动态加权的匹配识别方法	识别结果比较准确,可以反映数值和形状差异

理论上可以通过整体相关性匹配区分出不同物质,但是要求有相同的测试环境,而且仅仅对纯净的物质有较好的识别效果。针对古代文物中矿物颜料的鉴定准确度并不高,主要原因有以下几点:

(1)成像光谱仪获取的光谱数据波段多、分辨率高,但是基于整体形状或者全波段反射率的匹配方法没有充分发挥高光谱数据的优势,忽略了很多光谱的细节特征。

(2)文物颜料光谱曲线都是现场采集的,会受光照、湿度、温度等外界环境的影响,其采集环境和光谱库采集时有较大差别,测试光谱的整体反射率和形状都会有所差异。

(3)光谱库中的数据是纯净颜料的光谱,但为了达到色彩效果,古代画家往往会将颜料混合来进行创作,其光谱曲线整体特征和纯净的颜料光谱有所差异,很难找到一条完全相似的光谱曲线与之匹配。

(4)彩绘类文物上同色系颜料往往有相似的光谱曲线,其光谱差异仅体现在某些波段位置,整体匹配的算法可能会忽略这些差异,从而产生误匹配。

(5)每件文物都岁月久远甚至长时间暴露在外,可能受到细菌腐蚀、氧化反应等不可控因素的影响,化学成分发生了微变,表面颜料会受到污染,通过计算整体相关性很难得到正确的识别结果。

4.3.2 光谱吸收特征量化分析

在文物表面颜料识别中,光谱曲线特征的分析是关键,尤其是同一色系的矿物颜料,其光谱曲线整体相似性比较高,只能通过不同的光谱吸收特征来判别它们之间的差异。古代传统颜料大多数属于矿物颜料,它们的本质属于自然矿石,由于物质内部分子及原子的运动,以及矿物体内晶体场与电子间的相互作用,会在光谱曲线上形成可诊断的光谱吸收特征,例如石绿(孔雀石),由于碳酸根的振动过程会在2 290 nm处形成吸收谱带,而Cu^{2+}离子的电子作用会在520 nm和800 nm处形成吸收谱带。不同矿物颜料其光谱曲线的吸收谷位置、深度、宽度、面积、对称性等光谱吸收特征参数都有所差异,因此对光谱曲线吸收特征的定量化分析,可以增加它们间的区分度,提高在匹配识别上的准确度。

1. 典型矿物颜料光谱吸收特征

文物表面的矿物颜料历史久远,由于人为或自然因素可能会导致其表面结构、颜料颗粒甚至视觉颜色都发生变化,使其在某些波段的反射率值或起伏状况发生改变,但是吸收特征基本不变,这是因为矿物颜料光谱曲线特征的产生有严格的物理极值,取决于其金属阳离子的电子跃迁过程和阴离子基团的分子振动过程(燕守勋 等,2003)。根据电磁波理论,在光波段和近红外波段(400~1 300 nm)内的吸收特征,主要是由矿物颜料中金属阳离子的电子跃迁引起,而在1 300~2 500 nm近红外波段内的吸收特征取决于阴离子基团以及可能存在的水分子。矿物颜料中常见的离子和化学键可能产生的吸收谱带的波长位置如下所述。

(1)Fe^{2+}:根据所处八面体位置不同会在1 000~1 100 nm或者1 000 nm、1 800 nm附近产生吸收谷。

(2)Fe^{3+}:在可见光500 nm和900 nm波段形成强吸收特征。

(3)Cu^{2+}:在800 nm附近产生吸收谱带。

(4)Al^{3+}:在1 400 nm或者1 435 nm和1 558 nm附近产生吸收谱带。

(5)CO_3^{2-}:在2 234 nm附近形成左宽右窄的单一吸收特征,明显区别于其他物质。

(6)Mn^{2+}:在450 nm、550 nm及360~410 nm或者在400~600 nm处形成单一吸收特征。

(7)OH^-:由于阳离子差异,使得金属—OH基团产生的光谱也有一定差异。

(8)H_2O:在942 nm、1 350 nm、1 400 nm、1 900 nm附近产生吸收谱带。

（9）导带跃迁：半导体材料（硫化物）。

每种化学成分不同的矿物颜料都有其独特且相对固定的吸收谱带，自动提取每种矿物颜料吸收谱带位置及特征参数可有效提高光谱匹配精度。因此，从化学成分方面对纯净颜料光谱库中几种色系常见的矿物颜料的光谱特征及其形成原因进行了归纳总结（刘依依，2020）。

红色系矿物颜料主要是含有硫化汞的朱砂及其衍生物和含有铁离子的矿物化合物。光谱特征如表 4.5 所示。

表 4.5　红色颜料中主要矿物颜料的光谱特征

颜料名称	化学式	光谱特征	
		电子跃迁谱带	分子振动谱带
朱砂 辰砂 银朱 朱磦	主要成分是 HgS	600 nm 导带	
铁红 赭粉	Fe_2O_3	500 nm、900 nm、1 800 nm 为 Fe^{3+} 吸收谱带	
土红	黏土矿物混合物主要成分是 Fe_2O_3		混合矿物中 H_2O：1 400 nm CO_3^{2-}：2 236 nm

青色系矿物颜料主要是石青和群青，光谱特征如表 4.6 所示。

表 4.6　青色颜料中主要矿物颜料的光谱特征

颜料名称	化学式	光谱特征	
		电子跃迁谱带	分子振动谱带
石青 （蓝铜矿）	$2CuCO_3 \cdot Cu(OH)_2$	550～800 nm 陡降为 Cu^{2+} 谱带	CO_3^{2-} 和—OH 吸收谱带： 1 450 nm、2 080 nm、 2 280 nm、2 350 nm
群青	$Na_6Al_4Si_6S_4O_{20}$	550～650 nm 为 Al^{3+} 谱带	1 890 nm、2 250 nm 为硅酸盐谱带

绿色颜料中矿物颜料为铁绿、石绿及松绿，光谱特征如表 4.7 所示。

表 4.7　绿色颜料中主要矿物颜料的光谱特征

颜料名称	化学式	光谱特征	
		电子跃迁谱带	分子振动谱带
铁绿	含有二价铁离子的混合矿物	520 nm、620 为 nmFe^{2+} 谱带	1 950 nm、2 230 nm
石绿	$CuCO_3 \cdot Cu(OH)_2$	550～800 nm 为 Cu^{2+} 谱带	2 290 nm、2 280 nm、 2 350 nm

续表

颜料名称	化学式	光谱特征	
		电子跃迁谱带	分子振动谱带
松绿 (绿松石)	$CuAl_6(PO_4)_4(OH)_8 \cdot 5H_2O$	800 nm Cu^{2+} 吸收谱带 625 nm Al^{3+} 吸收谱带	H_2O 和—OH 吸收谱带： 1 900 nm、2 050 nm 和 2 250 nm

黄色颜料中的矿物颜料有土黄、石黄和雄黄,光谱特征如表 4.8 所示。

表 4.8　黄色颜料中主要矿物颜料的光谱特征

颜料名称	化学式	光谱特征	
		电子跃迁谱带	分子振动谱带
土黄	三价铁离子的 混合矿物	420 nm、900 nm 附近 Fe^{3+} 谱带	1 400 nm 和 1 900 nm 附近水分子吸收带 2 350 nm 碳酸盐吸收带
石黄(雌黄)	As_2S_3	550 nm 导带	
雄黄	AsS	550 nm 导带	

2. 光谱吸收特征参数自动提取

矿物颜料的化学分子式比较复杂,其光谱曲线可能存在多个吸收谷,在计算吸收特征参数时,需要遍历所有的吸收谷位置,依次求出吸收位置、宽度、深度、面积和对称性,作为光谱匹配的依据。为了使参数更具比较性,需要在计算前将光谱反射率进行归一化处理,将光谱曲线进行包络线去除。光谱吸收谱带的起止点属于包络线节点数组。

(1)吸收宽度的计算:只有超过一定宽度阈值,才是有效的吸收特征,所以在包络线节点中,有很多节点不是吸收谷的端点,需要删除这些点。已知包络线节点的波长数组为 $A(i)$,$j=1$,若 $A(i+1)-A(i) \geqslant \delta$,$\delta$ 为宽度阈值,则将 $A(i)$ 和 $A(i+1)$ 存入端点波长数组 $E(i)$,$W(j)=A(i+1)-A(i)$,否则 $i=i+1$,计算下一组相邻节点差值,进行判断,输出波长位置数组 $W(j)$。

(2)吸收位置判断:包络线波长数组为 $C(i)$,反射率数组为 $R(i)$,端点波长数组为 $E(j)$,当 $i=E(j)$,光谱曲线到达吸收谷起点,$R(j)=\min(C,R(i+1))$,$R(j)$ 对应的波长 $P(j)$ 即为第一个吸收位置,输出吸收位置数组 $P(i)$。

(3)吸收深度计算:吸收深度数组 $D(j)=1-R(j)$,$R(j)$ 为吸收谷反射率数组。

(4)吸收面积计算:左面积 $A_1(j)=\int_{C(E(j))}^{C(P(j))}(1-R(i))$,同理求出右侧面积 $A_r(j)$,输出面积数组 $A(j)=A_1(j)+A_r(j)$。

(5)吸收对称性计算:输出对称性数组 $S(j)=A_r(j)/A_1(j)$。

张陈峰(2017)通过 C♯ 实现了光谱数据的包络线去除,并对光谱曲线的参数进行了自动提取。以纯净颜料光谱库中的石青颜料为例,其计算结果如图 4.6 所示。

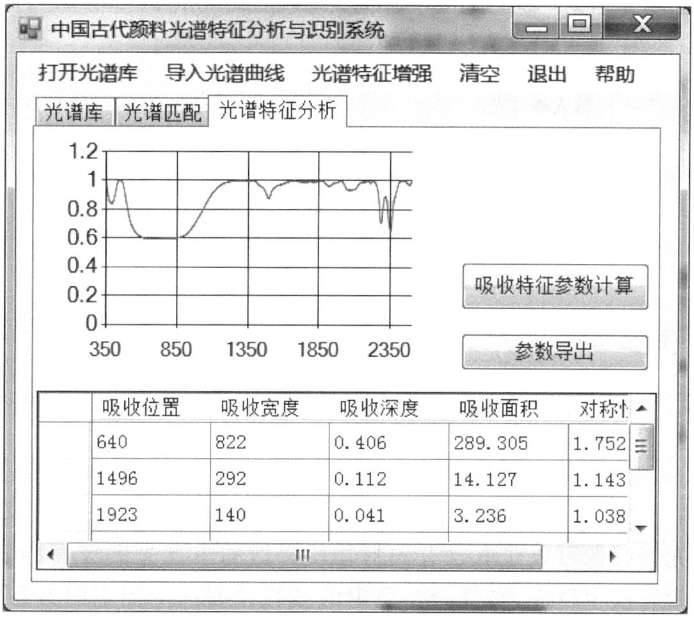

图 4.6　光谱吸收特征参数自动提取

4.3.3　定性约束的吸收特征加权颜料匹配

高光谱测量仪器具有很高的光谱分辨率,通过光谱特征增强来突出参考光谱和测试光谱间的差异,针对光谱特征进行参量化分析并参与光谱匹配计算,可以有效提高颜料鉴别中的准确率(Liang et al,2012)。

由前文可知,不同颜料的光谱差异主要表现在由电子跃迁或分子振动引起的吸收特征上。同种矿物颜料的光谱会在稳定的波长位置形成吸收谷,并且具有相对固定的波形形态,其中光谱曲线波谷的位置、宽度等信息对颜料识别至关重要,可以利用吸收特征来对颜料进行鉴定。

吸收位置、深度、宽度、面积及对称性等光谱特征参数与吸收谷形态描述的侧重点有所不同,在颜料匹配过程中所发挥的作用也不一样。其中,光谱曲线的波谷数量和吸收位置特征相对固定,而吸收面积参数则更准确地描述了其变化特征。因此,提出了一种综合定性约束条件和加权光谱特征拟合的匹配方法,其流程分为定性过程和匹配过程。如图 4.7 所示,首先对定性约束条件的参数进行比较,若两条光谱满足约束条件,则可以继续通过比较加权光谱吸收特征相似性测度,最终确定颜料类别。

1. 吸收谷定性约束

所谓"定性"特征,是指能够直接用来界定颜料所属类别范围的光谱特征,又称

"约束"特征。在颜料识别过程中,首先提取待测样品光谱的定性特征,作为下一步光谱匹配的约束条件,可以缩小参考光谱的选择范围,提高系统运行效率,并减小了发生误判的概率。

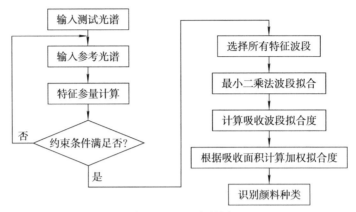

图 4.7　匹配流程图

文物高光谱影像可以获取含有颜料物质属性的丰富光谱吸收特征,只要颜料的化学性质没有发生改变,它就会在稳定的波长位置产生固定的波谷。基于颜料自身的化学特性,在颜料识别中可以从光谱曲线上提取的波谷特征入手,作为光谱匹配的前提条件,即首要约束特征。只有当测试光谱与参考光谱的有效波谷数量相同及吸收位置相差在阈值范围内时,两者才有可能被归为一类。以赭石和石绿为例,如图 4.8(a)所示,是赭石和石绿两种颜料经包络线去除后的光谱曲线,可有效区分两条光谱的 5 个吸收位置为 B_1(484 nm)、B_2(835 nm)、B_3(870 nm)、B_4(2 280 nm)和 B_5(2 350 nm)。如果选择这 5 个吸收波段进行 N 维可视化处理,这两种颜料在特征空间内处于完全分离的位置,因此两者可以通过吸收位置完全区分,结果如图 4.8(b)所示。

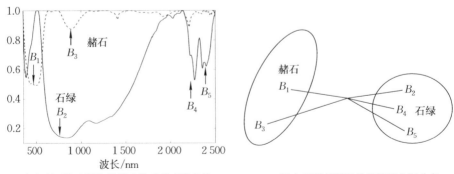

（a）赭石与石绿包络线去除后的光谱曲线　　　　（b）两种颜料吸收谷特征空间分布

图 4.8　赭石与石绿包络线去除光谱曲线与 N 维特征空间分布

光谱曲线的波谷数组是按照原波段的顺序依次排列,假设经过平滑处理后测试光谱提取的有效波谷数为 n,构建的波谷位置数组为 $T=(t_1,t_2,\cdots,t_n)$,参考光谱的有效波谷数为 m,构建的波谷位置数组为 $S=(s_1,s_2,\cdots,s_m)$。为了检测波谷的横向偏差程度,定义了平均差来描述光谱间波谷位置差异,公式如式(4.1)所示,即

$$DV=\sum_{i=1}^{n-m}|t_i-s_i|/n \tag{4.1}$$

约束条件为

$$n=m,\quad DV<\delta$$

式中,n、m 为两条光谱曲线的有效波谷数,DV 为吸收位置偏差指数,δ 为位置偏差阈值。

如果参考光谱与测试光谱有效波谷数量一致,并且对应波长位置偏差在一定阈值(一般为经验值)内,则认为这两条光谱满足约束条件,具有初步相似性,可以进行下一步匹配识别;否则直接判定为不同颜料类别,具体流程如下:

(1)采用光谱平滑算法对高光谱影像的像元光谱进行平滑滤波,减少无效光谱吸收特征。

(2)分别计算光谱库中第一条参考光谱和滤波后测试光谱的吸收特征参数,分别统计有效波谷的数目 n、m,并保存波谷位置数组。

(3)比较两条光谱的波谷数目是否相等,若 $n=m$,则计算吸收位置偏差 DV;否则参考光谱与测试光谱不是同一类别。

(4)如果 DV 小于阈值 δ,则说明两条光谱满足约束条件,可以进行下一步相似度计算;否则判定不是同一类别,并返回步骤(2),比较光谱库中下一条光谱曲线。

2. 吸收面积加权光谱吸收特征拟合算法

成像光谱仪所获取的影像光谱分辨率越来越高,光谱曲线能够描述不同颜料的细微光谱差别,这些差别大多体现在光谱吸收谱带上。如果选择能够反映颜料光谱差别的特征波段来计算相似度,可以突出光谱特征,缩小同类颜料间的间距,并放大不同类别颜料的差别。由前述可知,反映颜料特性的波段集中在光谱吸收谱带上,Clark 等(1991)提出了基于光谱主要吸收特征波段的光谱吸收特征拟合算法(spectral feature fitting,SFF),通过最小二乘拟合法来测定光谱间的相似度,可以充分利用光谱特征,克服高光谱分辨率和冗余波段多带来的缺点。

成像光谱仪覆盖波段范围一般为 400~2 500 nm,根据各厂家采用传感器的差异,常分为 400~1 000 nm、1 000~1 700 nm 和 1 700~2 500 nm(也可分为 400~1 000 nm 和 1 000~2 500 nm)。在该波长内矿物颜料一般具有多个吸收特征,不

同矿物颜料的特性会反映在多个吸收谱带上,仅仅选择单一的光谱吸收特征无法准确描述光谱间的相似性,会损失光谱信息,影响颜料鉴别精度。因此,提出了光谱吸收面积为权重的光谱吸收特征拟合算法,该方法通过组合吸收谱带来进行光谱特征拟合,综合考虑了所有有效的光谱吸收特征,并通过吸收面积赋予不同权重系数,将高光谱影像的待测像元光谱和参考光谱的每个吸收波段进行加权比较,计算所有吸收谱带的相似性。在权重系数的选择上,相比于吸收深度与宽度,吸收面积参数更能体现在该波段的吸收强度,吸收面积越大说明在该波段体现的物质特性越明显。该方法与单个吸收特征拟合相比,可以抑制单一特征的不稳定性及噪声等影响,并且考虑了全局性光谱特征,应用了所有的光谱吸收谱带,在比较光谱相似度过程中更为准确。

为了突出吸收谱带的特征,先将参考光谱与像元光谱进行包络线去除。首先在光谱曲线上选择一个吸收谱带作为特征波段,设吸收谱带起止点为 w_1、w_2,已知在该波段内经过包络线去除后的待测像元光谱为 T_n,光谱库中参考光谱为 S_n($n = w_2 - w_1$,吸收谱带波段数),可以定义每个吸收特征的拟合度如式(4.2)所示,即

$$f = \frac{n \sum T_i S_i - \sum S_i \sum T_i}{\sqrt{\left[n \sum T_i^2 - \left(\sum T_i \right)^2 \right] \left[n \sum S_i^2 - \left(\sum S_i \right)^2 \right]}} \qquad (4.2)$$

假设光谱曲线有 m 个有效光谱吸收特征,通过吸收面积来分配单个吸收谱带的权重系数,以第 j 个吸收谱带为例,权重系数计算方法如式(4.3)及式(4.4)所示,即

$$C_j = \frac{A_j}{\sum A} \qquad (4.3)$$

$$A_j = \int_{w_{j1}}^{w_{j2}} (1 - f(w)) \mathrm{d}w \qquad (4.4)$$

式中,C_j 是第 j 个吸收谱带面积占总面积的比例,即为权重系数;A_j 是对应吸收谱带的面积;$\sum A$ 是所有有效吸收面积之和。所以,加权光谱特征拟合公式如式(4.5)及式(4.6)所示,即

$$F = \sum C \cdot f \qquad (4.5)$$

$$F = \sum_{j=1}^{m} C_j \cdot \frac{n \sum T_i S_i - \sum S_i \sum T_i}{\sqrt{\left[n \sum T_i^2 - \left(\sum T_i \right)^2 \right] \left[n \sum S_i^2 - \left(\sum S_i \right)^2 \right]}} \qquad (4.6)$$

式中,F 就是包络线去除之后待测像元光谱与参考光谱基于所有吸收特征的加权拟合度,F 值越高,说明光谱在吸收谱带间越相似。

4.3.4　颜料点状识别结果

实验数据采用一幅明清壁画高光谱影像,这幅壁画中用除去黑色颜料外的 5 种颜料进行颜料识别实验。通过目视判别的方法,选择每种颜料的重点关注区域,以其平均光谱作为待测数据。

待测光谱曲线经过包络线去除后的吸收特征参数如表 4.9 所示。

表 4.9　吸收特征参数表

颜料种类	波谷数量	吸收位置 P /nm	吸收宽度 W /nm	吸收深度 H	吸收面积 A	对称性
红色颜料 1	1	552	238	0.541	89.862	0.401
红色颜料 2	2	506	303	0.420	86.356	0.876
		873	204	0.117	12.179	1.056
绿色颜料	2	441	149	0.198	15.751	3.129
		764	457	0.261	82.849	1.274
青色颜料	2	419	84	0.085	5.154	0.794
		668	492	0.107	57.922	2.161
黄色颜料	2	427	378	0.437	104.186	6.560
		881	141	0.049	3.643	0.823

颜料的识别流程如下:

(1)选择光谱吸收特征波段。根据待测颜料的光谱吸收特征参数,红色颜料 1 的吸收特征波段是 381～619 nm;红色颜料 2 的吸收特征波段分别位于 418～721 nm 和 761～965 nm;绿色颜料吸收特征波段分别位于 380～529 nm 和 554～1 011 nm;青色颜料吸收特征波段分别位于 389～473 nm 和 489～981 nm;黄色颜料吸收特征波段分别位于 379～757 nm 和 809～950 nm。

(2)选择参考光谱。根据前文的颜料匹配结果,选择纯净颜料光谱库中的朱砂、石绿、石青、赭粉、辰砂 5 种纯净颜料作为参考光谱。

(3)约束条件判断。在可见光波段,吸收谷的宽度值都比较大,吸收位置计算时容易出现偏差,所以仅仅以吸收谷个数作为定性约束条件。若吸收谷数量相同则计算光谱间拟合度,若吸收谷数量不同则相似度为 0。

(4)加权吸收特征拟合匹配。以待测光谱的吸收特征位置为准,在参考光谱上取相同波段,分别计算对应吸收特征的拟合度,通过吸收面积量加权求和,得出最后总的拟合度(F 值)作为光谱间的相似性测度,F 值越高,说明光谱越相似。

通过定性约束特征经过第一次判断,可以完全区分出朱砂、辰砂和其他颜料,通过加权吸收特征拟合匹配算法,计算出待测光谱与所有参考光谱的全部吸收波段的拟合度。匹配实验结果如表 4.10 所示。

表 4.10　加权光谱吸收特征拟合度结果表

参考光谱	待测光谱				
	红色颜料 1	红色颜料 2	绿色颜料	青色颜料	黄色颜料
朱砂	**0.955**				
辰砂	0.934				
石绿		0.232	**0.926**	0.724	
石青		0.185	0.751	**0.819**	
赭粉		**0.775**	0.207	0.126	0.412

　　由表 4.10 可以看出,经过约束条件判断,计算所有吸收谷的加权拟合度,可以充分利用光谱吸收特征,放大光谱间的差异。红色颜料 1 只有单个吸收特征,并且与朱砂在吸收谱带内拟合度很高,可以判断为朱砂;红色颜料 2 的第一个吸收特征噪声较大,但是第二个吸收谱带与赭粉的拟合度很好,通过加权求和整体与赭粉光谱相似度较高,可以判定为赭粉。由于赭粉比朱砂在可见光波段多一个吸收谷,通过这种方法可以完全区分这两种红色颜料,避免了整体相似性测度中的误判。绿色颜料的第一个吸收谱带噪声较大,但是权重较小,第二个吸收谱带和石绿的拟合度很好,所以最终识别结果为石绿。青色颜料的最终识别结果为石青。在黄色颜料的判定中,第二个吸收特征虽然和赭石拟合度较好,但是吸收面积很小,所占权重也少,主要吸收谱带在 379~757 nm,与赭粉的整体拟合度也不高,所以无法判断其成分。

4.4　颜料的聚类识别

　　单一颜料识别的面状聚类主要是对高光谱影像进行聚类或分割,根据反射光谱值将画面分割成为一块块同质区域,然后再将同质区域内测量的点状光谱进行平均,以分割后的同质图斑为最小单位,然后与光谱库进行匹配,给出颜料的匹配结果。其原理之一,在于光谱仪在实现空间成像与光谱测量的同时,其光谱分辨率一般要低于点状的地物光谱仪,因此,先用成像光谱仪分割图像,然后用点状的数据进行匹配,提高匹配精度。原理之二,由于某些颜料的呈色效果或褪色等因素影响,人眼选择测试点时会出现失误,即"同色异物"现象(不同的颜料,在画面上的视觉颜色一致,人工测量光谱时可能会丢掉某些类似的光谱点)。特别是对相同色系不同颜料的光谱反射率比较接近,因此在同色系不同物质光谱匹配时容易出现误匹配的情况(王可 等,2018),面状聚类能够有效减少点状光谱误匹配的失误。

4.4.1　颜料的聚类识别

　　针对中国绘画表面颜料混合复杂、种类识别难的问题,提出了一种颜料识别与填图"四步走"的流程,如图 4.9 所示,包括端元估计、图像聚类、光谱识别及颜料填图四个步骤,实现绘画全表面颜料种类的确定及空间分布的可视化。

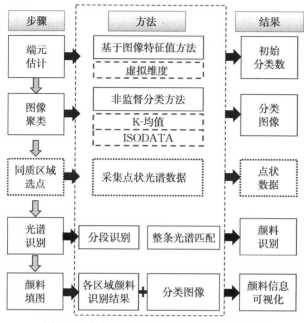

图 4.9　文物表面颜料的聚类识别流程框架

1. 端元数目估计方法

在对高光谱图像进行聚类之前,一般需要人为地指定一个初始分类数,这就需要使用一定的方法提前对图像中包含的端元数目进行估计。常用的方法大致可以分为三类。

1)基于本征维度的方法

找出描述数据特性所需的最少参数个数,从而实现端元数目的估计,这就是基于本征维度的方法(Fukunaga,1982)。常用的两种方法包括主成分分析方法和最小噪声分离方法。

主成分分析方法通过计算各主成分的方差贡献率,来确定图像中哪些属于主成分信息。将各个波段按照信息量逐级递减的顺序排列,在去除数据冗余的同时,尽可能地减少信息损失。

最小噪声分离方法通过线性变换,按照信噪比从大到小排列各个波段,认为信噪比较大的几个波段包含图像中的主要组分。这样做的前提是假设各组分之间互不相关。

2)基于几何构造的方法

假定图像上存在纯净像元,认为所有端元都包含于一个凸包体内,这就是基于几何构造的方法。其中,异常点检测方法(outlier detection method,ODM)通过将信号视为噪声超球面的异常值来实现端元数量的估计(Andreou et al,2013)。该方法主要由三个步骤组成,分别为噪声估计、主成分空间变换和异常值检测。

首先,使用基于多元回归理论的方法对图像进行噪声估计,这是在信号子空间估计算法中比较常用的一种方法。

其次,进行白化预处理并转换为新的主成分空间。观测噪声发现,信号结构的旋转不会改变噪声的分布。在主成分空间中,噪声总是在平均值附近保持球形分布,并存在于半径恒定的超球面中。相反,信号的半径要远大于噪声半径,并且在各个方向上都存在变化。

最后,进行异常值检测。异常值就是与其他观测值有很大差异的数据,以至于可以认为它是由不同机制产生的。利用基于四分位距(inter quartile range,IQR)的方法进行异常值检测,从而得到端元数目的估计值。

3)基于图像特征值的方法

计算图像的相关矩阵及协方差矩阵,通过分析特征值的方法判定端元数目,这就是基于图像特征值的方法。其中,虚拟维度(virtual dimensionality,VD)方法从目标检测和分类的角度出发,描述高光谱数据中不同信号源的最小数量(Chang et al,2004)。其关键步骤包括以下内容(Bajorski,2010;郑俊鹏 等,2014):

(1)根据式(4.7)～式(4.9)计算高光谱图像的协方差矩阵和自相关矩阵,分别记作 $\boldsymbol{K}_{L \times L}$ 和 $\boldsymbol{R}_{L \times L}$,并得到它们的特征值,分别为 $\{\lambda_1 \geqslant \lambda_2 \geqslant \cdots \geqslant \lambda_L\}$ 和 $\{\hat{\lambda}_1 \geqslant \hat{\lambda}_2 \geqslant \cdots \geqslant \hat{\lambda}_L\}$,其中,$L$ 代表总波段数。

$$\bar{\boldsymbol{x}} = \frac{1}{n} \sum_{i=1}^{n} \boldsymbol{x}_i \tag{4.7}$$

式中,$\bar{\boldsymbol{x}}$ 为图像的平均值,$\boldsymbol{x}_i$ 为像元 i 的光谱,n 为像元数。

$$\boldsymbol{K} = \frac{1}{n} \sum_{i=1}^{n} (\boldsymbol{x}_i - \bar{\boldsymbol{x}})(\boldsymbol{x}_i - \bar{\boldsymbol{x}})^{\mathrm{T}} \tag{4.8}$$

式中,$\boldsymbol{K}$ 为图像的协方差矩阵。

$$\boldsymbol{R} = \frac{1}{n} \sum_{i=1}^{n} \boldsymbol{x}_i \boldsymbol{x}_i^{\mathrm{T}} \tag{4.9}$$

式中,$\boldsymbol{R}$ 为图像的自相关矩阵。

(2)将图像维度确定问题转化为二元假设问题,如式(4.10)和式(4.11)所示,即

$$H_0: z_l = \hat{\lambda}_l - \lambda_l = 0 \tag{4.10}$$

$$H_1: z_l = \hat{\lambda}_l - \lambda_l > 0 \tag{4.11}$$

式中,H_0 为假设相关系数特征值等于协方差特征值的情况,H_1 为假设相关系数特征值大于协方差特征值的情况,l 为波段数,$l = 1, 2, \cdots, L$。

如果 H_1 为真,则表示图像中还存在除噪声外的信号源。其中的 $\hat{\lambda}_l$ 和 λ_l 均为未知常量,可以根据两种假设对每对特征值建立概率密度函数,如式(4.12)～式(4.14)所示,即

$$p_0(z_l) = p(z_l \mid H_0) \cong N(0, \sigma_{z_l}^2) \tag{4.12}$$

$$p_1(z_l) = p(z_l \mid H_1) \cong N(\mu_l, \sigma_{z_l}^2) \tag{4.13}$$

$$\sigma_{z_l}^2 \approx \frac{2\hat{\lambda}_l^2}{N} + \frac{2\lambda_l^2}{N} \tag{4.14}$$

式中,μ_l 为未知常量,N 为元素个数,$\sigma_{z_l}^2$ 为图像第 l 波段的近似方差。

(3)定义虚警概率 P_F 和检测能力 P_D,如式(4.15)和式(4.16)所示,使检测能力的值最大化,从而确定虚警概率,进而得到阈值 τ_l。

$$P_F = \int_{\tau_l}^{\infty} p_0(z) \, \mathrm{d}z \tag{4.15}$$

$$P_D = \int_{\tau_l}^{\infty} p_1(z) \, \mathrm{d}z \tag{4.16}$$

(4)如果满足 $\hat{\lambda}_l - \lambda_l > \tau_l$,则认为在第 l 个数据维度中存在信号能量。需要注意的是,应对全部的 L 个波段进行测试,最终得到图像上存在的信号源总数。

2. 聚类方法

聚类方法,也称非监督分类,是一种在模型训练期间不需要使用标记数据,只需要指定初始分类数目的聚类方法。

经典的聚类方法包括 K-均值、ISODATA 等,在第 3 章已经叙述过。主要利用聚类方法依据高光谱像素的光谱值进行分类,以形成同质区域。

3. 光谱识别方法

经典的光谱识别方法利用包括光谱吸收指数和光谱角匹配进行。考虑到颜料光谱特征的特殊分布,提出了一种顾及离子吸收特征的光谱分段识别方法,根据颜料主要离子和官能团的吸收位置,在整条光谱中提取出几个特征子区间,分段进行识别,有利于准确定位典型离子的关键吸收特征。除此之外,对各区间结果进行权重分配,根据计算得到的加权指数值,在对每个感兴趣区域给出了一种确定的识别结果外,还通过阈值的筛选,提供了第二种或第三种可能存在的颜料类型,相比于先解混光谱再进行匹配的方法,所提出的方法操作起来更简便。

根据未知光谱在特征子区间内吸收特征的特点,选择 SAI 或 SAM 方法,与对应区间的标准光谱进行相似度计算,再根据结果排名分配权重,计算得出各结果的加权指数,进而表示每种颜料在混合物中的存在情况,如图 4.10 所示。

具体计算步骤如下:

(1)将未知光谱和颜料光谱库中的标准光谱均进行包络线去除处理。

(2)确定未知光谱的特征子区间 sub_int。遍历五个检测范围,选出未知光谱

具有明显吸收特征的区间 $sub\_int=(sub\_int_1, sub\_int_2, \cdots, sub\_int_m)$，作为该未知光谱的特征子区间，用于后续的分段识别。其中，m 为特征子区间个数（$m \leqslant 5$），并设整条光谱的分段总数为 $M(0 < M \leqslant 5)$。

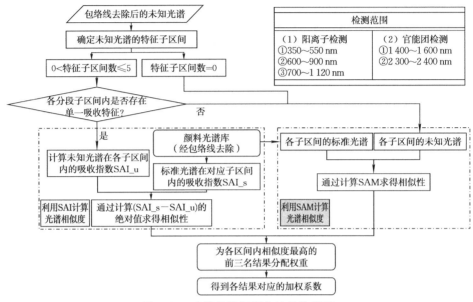

图 4.10　光谱分段识别方法整体流程

（3）若未知光谱不存在特征子区间，则进入步骤（6），利用整条光谱进行识别，此时 $m=0, M=1$；否则，执行步骤（4）。

（4）判断各特征子区间内是否存在单一吸收特征。针对两种类型的吸收特征，分别选用两种不同的方法进行光谱相似度的计算。

（5）若特征子区间内存在单一吸收特征，则利用光谱吸收指数计算光谱相似度：首先，计算未知光谱在该特征子区间内的光谱吸收指数 SAI_u，以及颜料光谱库中所有标准光谱在该区间内的光谱吸收指数 $SAI\_s=(SAI\_s1, SAI\_s2, \cdots, SAI\_sn)$（其中 n 为标准光谱个数）；其次，计算 SAI_s 中各个元素与 SAI_u 的差；最后得到结果，即该区间内，（SAI_s-SAI_u）的绝对值越小，对应的标准光谱就具有与未知光谱越高的相似程度。列出各区间内相似度最高的前三名结果，按照步骤（7）的方法分配权重。

（6）若特征子区间内不存在单一吸收特征，则利用 SAM 计算光谱相似度：首先，从颜料光谱库中提取出该特征子区间的标准光谱（经过包络线去除后）；其次，与对应区间的未知光谱进行光谱角余弦值的计算；最后得到结果，即该区间内，光谱角余弦值越大，对应的标准光谱就具有与未知光谱越高的相似程度。列出各区间内相似度最高的前三名结果，按照步骤（7）的方法分配权重。

（7）分配权重。将各子区间得到的三个结果，按照排名顺序依次赋予权重 $3/3M$、$2/3M$、$1/3M$。

（8）根据权重计算各结果对应的加权指数。基于分配的权重，计算得到每个结果的加权指数，以此来表示其在混合物中的存在情况。

4.4.2　颜料图像聚类识别实验

以一幅国画数据为研究对象，结合高光谱成像技术和点状光谱分析技术的优势，通过端元估计、图像聚类、光谱识别及颜料填图四个步骤，实现绘画全表面颜料种类的确定及空间分布的可视化。

1. 数据介绍

选择某知名品牌的几种常用矿物颜料和植物颜料，以宣纸作为载体，绘制了一幅国画。在绘制过程中对各种颜料的使用情况进行了记录，将其作为真值，便于后续与计算得到的颜料识别结果进行对比和分析。需要说明的是，仅在结果评价时使用了所记录的颜料真实值，而在数据处理的整个过程中假设颜料是未知的。另外，本小节的研究内容不涉及解混，并且在绘制时也没有对颜料的比例进行记录，因此，在后续的分析中，不涉及对混合区域的颜料比例进行确定。利用成像光谱仪共采集了六景影像，其分布如图 4.11 所示。

图 4.11　国画影像采集区域分布

2. 端元估计

使用虚拟维度的方法，基于图像中的特征值进行端元数目的估计。对采集的六景国画数据进行虚拟维度计算，结果如图 4.12 所示。根据显示的结果，可以看到当折线在纵坐标趋近于 0 时，对应的特征值个数在 1 至 2 个之间。例如图 4.12(a) 中，折线与横坐标的交点介于 6 和 7 之间。由于这里给出的结果用于辅助非监督分类参数的调整,并不需要一个确定的数值,并且结合虚拟维度图像的实际情况,对每景数据给出两个可能的端元数目估计值。第 1～4 景的特征值个数为 6 或 7 个,第 5～6 景的特征值个数为 4 或 5 个。

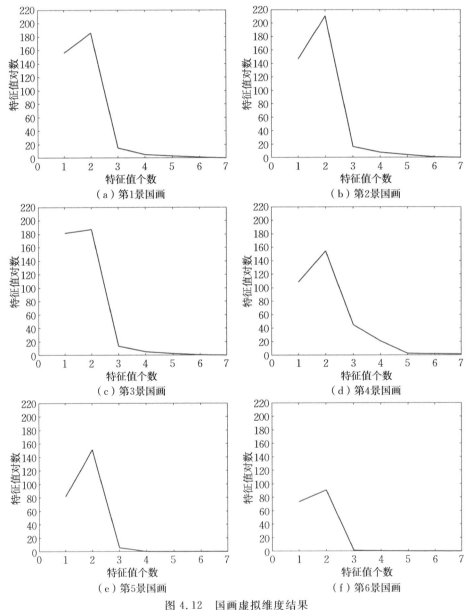

图 4.12　国画虚拟维度结果

3. 图像聚类
根据对每景影像所含端元数目的估计结果,设定初始分类数目,使用非监督的

K-均值和 ISODATA 分类算法,得到国画表面颜料的空间分布情况。以其中的两景为例,其分类结果如图 4.13 所示。

（a）第3景真彩色影像　　　　（b）第3景K-均值聚类　　　　（c）第3景ISODATA聚类

（d）第5景真彩色影像　　　　（e）第5景K-均值聚类　　　　（f）第5景ISODATA聚类

图 4.13　国画非监督聚类结果

在 K-均值分类开始之前,有三个参数需要提前设置:①分类数目:在遥感影像处理中,分类数量一般要设为实际输出数量的 2~3 倍。然而国画、壁画等彩绘类文物全表面的颜料种类数一般不超过十种。因此,基于虚拟维度结果,这里将分类数目设置为计算得到的端元数目的两倍。②变化阈值:如果每一类的像元数目变化小于此数值,则迭代停止。③迭代次数:迭代次数越大,精度越高。

其中,图 4.13(a)和图 4.13(b)为第 3 景真彩色影像与分类结果对比图,对数据获取过程中拍到的桌面部分进行裁剪后,将分类数目设置为 12,执行 K-均值非监督分类。图 4.13(d)和图 4.13(e)为第 5 景真彩色影像与分类结果对比图,由于初始分类数目设置的较大,对一些明显是同一类的将遵循规则进行合并,例如均是白色宣纸背景,或是同一片叶子上的绿色区域。

为了进行对比,同时对这两景影像使用 ISODATA 非监督分类方法,结果如图 4.13(c)和图 4.13(f)所示。

4. 光谱识别

基于图像聚类结果,选择了五个典型的同质区域进行重点关注点的采集。为了使其尽可能均匀地分布在整幅绘画表面,并减少主观因素的影响,在绘画的正射影像上绘制一个网格,在交点处选取关注点,并按照不同的颜色分成五类,逐类进行分析。

由于网格生成的随机性,在逐行进行光谱采集的过程中,如果交点处的颜料较少或混合太复杂,则可以将其丢弃,或在交点附近寻找更合适的点。具体选点如图 4.14 所示。五类研究区域分别命名为区域 1～区域 5,共采集 63 条光谱数据,具体如表 4.11 所示。国画的数据采集环境为暗室,取出光纤固定于手枪式把手上,并架设卤素灯进行照明。

图 4.14　国画表面关注点分布

表 4.11　国画表面五个关注区域

关注区域	区域颜色	点号	数据个数
区域 1		1～15	15
区域 2		16～30	15
区域 3		31～45	15
区域 4		46～54	9
区域 5		55～63	9

利用所提出的光谱分段识别方法,以及 ENVI 软件中自带的光谱匹配功能,分别对国画的关注点进行识别,将两种方法得到的结果与已知的颜料真值进行比对,分析所提出方法的性能。

1)顾及离子吸收特征的光谱分段识别方法

以区域 1 为例,采集了 15 条数据,按照上小节讨论的分段方法,确定了 3 个特征子区间用于分段识别,并进行了权重的分配。区域 1 各区间识别结果及权重列于表 4.12 中。为了使表格内容简洁明了,将权重的分子写在了每个结果的后面(下划线),而省略了分母,在该组数据中分母均为 $9(M=3)$。 例如,数据 1 的第一个特征子区间的识别结果前三名分别为曙红、赭石、真银珠,赋予的权重分别为 3/9、2/9、1/9。最后一行的加权指数是通过累加全部 15 条数据在各区间的得分,再取平均(除以数据数,这里是 15)得到的。

表 4.12　区域 1 各区间识别结果及权重

区域 1	各分段结果($M=3$,分母为 9)		
	（Ⅰ）	（Ⅱ）	（Ⅲ）
1	曙红 3 赭石 2 真银珠 1	大红 3 曙红 2 花青 1	胭脂 3 蛤白 2 曙红 1
2	曙红 3 真银珠 2 胭脂 1	大红 3 花青 2 曙红 1	曙红 3 蛤白 2 胭脂 1
3	曙红 3 赭石 2 真银珠 1	大红 3 曙红 2 花青 1	曙红 3 花青 2 大红 1
4	曙红 3 真银珠 2 胭脂 1	大红 3 花青 2 曙红 1	胭脂 3 花青 2 曙红 1
5	曙红 3 真银珠 2 赭石 1	大红 3 花青 2 曙红 1	曙红 3 大红 2 花青 1
6	曙红 3 赭石 2 真银珠 1	大红 3 曙红 2 花青 1	曙红 3 花青 2 胭脂 1
7	曙红 3 赭石 2 青金石 1	大红 3 曙红 2 花青 1	蛤白 3 曙红 2 胭脂 1
8	曙红 3 真银珠 2 胭脂 1	大红 3 曙红 2 花青 1	曙红 3 花青 2 胭脂 1
9	曙红 3 真银珠 2 胭脂 1	大红 3 曙红 2 花青 1	胭脂 3 曙红 2 蛤白 1
10	曙红 3 赭石 2 真银珠 1	大红 3 花青 2 曙红 1	曙红 3 花青 2 胭脂 1
11	曙红 3 赭石 2 青金石 1	大红 3 曙红 2 曙红 1	曙红 3 花青 2 胭脂 1
12	曙红 3 真银珠 2 胭脂 1	大红 3 曙红 2 曙红 1	曙红 3 胭脂 2 花青 1
13	曙红 3 真银珠 2 赭石 1	大红 3 曙红 2 花青 1	白方解 3 曙红 2 花青 1
14	曙红 3 真银珠 2 胭脂 1	大红 3 花青 2 曙红 1	曙红 3 白方解 2 花青 1
15	曙红 3 真银珠 2 赭石 1	大红 3 花青 2 曙红 1	曙红 3 花青 2 胭脂 1
加权指数	曙红:0.778		
	大红:0.356		
	花青:0.304		

需要特别说明的是,加权指数越大,表示该种颜料存在的可能性越大,并且间接地描述了其在混合物中含量的高低。因此,在后续统计结果时,将保留每个区域排名第一的结果,而从第二名开始,如果其加权指数大于阈值 0.35,则将对应的结果保留;否则,该结果将被舍弃。在确定阈值时,若将其设置的过大,则会导致进入最终结果的颜料过少,不能全面反映出混合区域内包含的多种颜料;若过小,则会

使识别错误率升高,不能真实反映出该方法的识别性能。综合整组数据的加权指数计算结果,将阈值设置为0.35较为合适。

区域1的加权指数前三名结果为:曙红(0.778)、大红(0.356)、花青(0.304)。结合该区域呈现的颜色并配合阈值的筛选,得到最终的识别结果:该区域的混合颜料中包含曙红颜料的可能性最大,其次是大红。

为了使结果更加清晰和直观,将五个区域计算得到的三位结果及其对应的加权指数列于表4.13中,其中,第二列加权指数数字加粗的颜料为各区域满足条件的识别结果。

表4.13　使用两种方法对国画五个区域光谱的识别结果对比

感兴趣区域	分段识别方法结果和加权指数	整条光谱匹配方法		真值
		点号	前三名结果	
区域1	曙红 **0.778**	1、3～11、13～15	曙红,大红,胭脂	曙红,大红,胭脂
	大红 **0.356**			
	花青 0.304	2、12	曙红,胭脂,大红	
区域2	大红 **0.326**	16、20～23、30	曙红,大红,铅丹	大红,蛤白
		17、19、24	曙红,大红,胭脂	
	赭石 0.259	18	曙红,大红,赭石	
	花青 0.237	25、28～29	曙红,铅丹,大红	
		26～27	曙红,铅丹,紫云末	
区域3	石绿 **0.778**	31～32、40	石绿,墨,真银珠	石绿,墨
	白垩 0.322			
	赭石 0.289	33～39、41～45	石绿,墨,石青	
区域4	赭石 **0.728**	46～49、51	石绿,墨,真银珠	赭石,石绿
	石绿 **0.568**	50、52	石绿,墨,石青	
	蛤白 0.259	53～54	石绿,墨,青金石	
区域5	石绿 **0.728**	55、57	石绿,墨,石青	石绿,赭石
	赭石 **0.619**	56、60～62	石绿,墨,真银珠	
	墨 0.247	58～59、63	石绿,墨,青金石	

使用所提出的顾及离子吸收特征的分段识别方法,对中国画表面的五个感兴趣区域进行光谱识别,结果可以总结如下:

(1)区域1:识别结果前三名及其加权指数为:曙红(0.778)、大红(0.356)、花青(0.304),表明该处存在曙红颜料的可能性最大。与真值对比发现,该组正确检测出了曙红和大红,但胭脂没有出现在前三名的结果中。因此,对该区域正确识别出两种颜料,漏掉了一种。

(2)区域2:识别结果前三名及其加权指数为:大红(0.326)、赭石(0.259)、花青(0.237)。保留第一名结果大红,从第二位开始,不满足阈值要求,故舍弃。与真值对比发现,该组正确地检测出了大红,但没能有效识别出蛤白颜料。

（3）区域3：识别结果前三名及其加权指数为：石绿（0.778）、白垩（0.322）、赭石（0.289），表明该处存在石绿颜料的可能性最大。而第二、三名结果由于不满足阈值要求，故舍去。与真值对比发现，该组正确地检测出了石绿，但没能有效识别出墨颜料。

（4）区域4：识别结果前三名及其加权指数为：赭石（0.728）、石绿（0.568）、蛤白（0.259），表明该处存在赭石颜料的可能性最大，第二名石绿颜料的加权指数满足阈值要求，故留下。与真值对比发现，该组正确检测出了全部颜料。

（5）区域5：识别结果前三名及其加权指数为：石绿（0.728）、赭石（0.619）、墨（0.247），表明该处存在石绿颜料的可能性最大，第二名赭石颜料的加权指数也满足阈值要求，并且加权指数的值较大。与真值对比发现，该组正确检测出了全部颜料。

2）整条光谱匹配方法

ENVI软件是对高光谱数据进行处理和分析的常用软件。通过菜单栏的"Spectral"模块选择"Spectral Analyst"功能，打开基于实验室样本建立的光谱库"speclib01"，作为对未知光谱进行分析的基础。

软件中自带的光谱匹配方法有三种，分别为光谱角填图（spectral angle mapper，SAM）、光谱特征拟合（spectral feature fitting，SFF）及二进制编码（binary encoding，BE）。在窗口显示出待匹配的光谱曲线后，一般可以根据各方法的特点或实验的需要，调整三种方法的权重。

在此，将三种方法的权重均设置为1，以使其均等地参与未知光谱的匹配。对于每条未知光谱，最终的总分是三种方法给出的得分之和。总分排名前三的颜料将用于后续分析。五个重点关注区域光谱的前三名匹配结果列于表4.13，结果可以总结如下：

（1）区域1：该处使用的颜料为曙红、大红、胭脂，对比前三名结果发现，三种颜料均被正确识别。

（2）区域2：该处包含大红和蛤白，而识别结果的第一名均为曙红，与真值不符；第二名结果开始出现大红，但前三名均未匹配出蛤白。

（3）区域3：此处含有的颜料为石绿和墨，两种颜料均在结果的前两名中被正确识别。

（4）区域4：该区域使用的颜料为赭石和石绿，识别结果的第一名均为石绿，与真值之一相符；但前三名均未匹配出赭石。

（5）区域5：该处存在的颜料为石绿和赭石，识别结果的第一名均为石绿，与真值之一相符；但前三名均未匹配出赭石。

5. 颜料填图

结合高光谱影像的空间信息与点状光谱识别得到的颜料种类信息，对国画颜料进行标记填图,有助于直观地了解绘画表面颜料的空间分布情况。以其中一景数据为例,填图结果如图 4.15 所示,图 4.15(a)～图 4.15(c)展示了国画上三个典型关注区域的空间分布。其中,用红色填图的区域对应国画上由三种红色颜料混合绘制成的深粉色花朵部分;用粉色填图的区域表示由大红调和白色颜料绘制而成的浅粉色花朵部分;而用绿色填图的区域表示由石绿混合墨绘制而成的叶子部分。通过这种方式实现对混合颜料的同质区域分布和组成进行视觉解译。

（a）区域1（曙红+大红+胭脂）　　　　　　（b）区域2（大红+蛤白）

（c）区域3（石绿+墨）

图 4.15　国画第 5 景颜料填图结果

6. 结果分析

1）端元估计结果分析

国画表面一般不存在纯净的像元,因此将由相同的几种颜料混合而成的同质区域视作端元,利用虚拟维度的方法,基于高光谱图像特征值,对采集的六景影像分别估计端元数目。如图 4.12 所示,当图像的特征值对数趋近于 0 时,对应的特征值个数即为该景影像上存在的端元数目。然而从图 4.12(a)～图 4.12(f)中可以看出,折线与横坐标的实际交点可能介于两个值之间,因此对每景影像给出了两个最终的端元估计结果。基于给出的两个类别数目,在非监督分类过程中调整初始值的设置,也能取得较好的分类效果。

2）图像聚类结果分析

使用 K-均值非监督分类方法，以两倍于虚拟维度结果的值设置初始分类数，并适当地调整参数。需要说明的是，由于初始分类数目设置为估计数目的两倍，可能会出现对象相同但被分到了不同类别中的情况，这时需要根据一定的规则，将明显属于同一类别的结果进行合并。同时，还使用了 ISODATA 方法对比分类效果。通过观察图 4.13 的分类结果可知：

（1）花朵的分类效果均较好，并且对于第 5 景右侧深粉色花上颜料的浓淡差异都能够进行区分。

（2）叶子上覆盖墨较多的区域可以被单独分出来，但是绿色和蓝色的叶子被分成了同一类，无法进行有效区分。

（3）两幅影像的宣纸背景被分为了两类，这可能是由于在拍摄过程中灯光照射不均匀，在部分区域产生了阴影，以及纸张本身的褶皱导致的。

（4）第 5 景中的山石中间部分有大量的绿色颜料，而左右两侧分别是墨线和浅色颜料，这几种颜料分布在分类结果图上基本都能得到体现。

总的来讲，由于该国画上颜料的混合并不复杂，通过两种非监督分类方法可以较准确地区分不同对象，甚至能捕捉到同一朵花上颜料的浓度差异。以该分类结果作为依据，指导确定点状光谱数据的获取位置。

3）光谱识别结果分析

由于绘制国画的过程中详细记录了各区域使用的颜料种类，因此，通过将光谱识别的结果与真值进行比对，分别对两种颜料识别方法的性能进行分析：

（1）在顾及离子吸收特征的光谱分段识别方法中，通过计算每种颜料的加权指数，实现对混合物中成分的定性分析。从识别结果中可以看出，第一位结果的正确率达 100%，并且对所有关注区域均至少检测出一种颜料，还有的是两种或全部识别正确，说明该方法对于国画表面混合区域中存在的多种颜料，可以正确检测出其主要成分。但是对于白色和黑色颜料的识别能力有限。

（2）在利用整条光谱进行匹配的传统方法中，根据得分高低列举出前三名结果，与真值进行比较。从匹配结果中可以看出，第一位结果的正确率为 60%，没有识别出各混合区域中的赭石和白色颜料。

除此之外，计算两种方法的国画颜料识别率如图 4.16 所示。可以看到，虽然分段识别方法并不是在每个区域都优于整条光谱匹配的传统方法，但综合上述分析，分段识别方法第一位结果的正确率明显高于传统方法。相对于通常做法是只保留第一位结果的颜料识别，所提出的分段识别方法具有更为明显的优势，其给出的第一名结果就能正确识别出混合颜料中存在的主要成分。

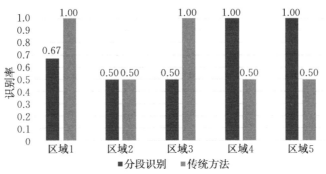

图 4.16　两种方法的国画颜料识别率

4）颜料填图结果分析

以图 4.11 第 5 景数据为例，将国画表面典型的复合颜料区域进行填图，以不同的颜色直观地展示并区分了含有不同颜料成分的对象，并将各处的实际颜料组成与所在位置一一对应。如图 4.15 所示，填图了两种颜色的花及绿色的叶子，通过这种视觉解译实现了颜料类型信息和空间分布的可视化。

4.5　复合颜料识别

由于古代天然存在的颜料有限，为了达到理想的艺术效果，经常使用不同颜料的混合来调制颜色。因此，古代绘画高光谱影像上的每一个像素都可视为多种颜料混合而成的复合色，可以利用高光谱遥感中光谱混合理论，利用像元解混方法来识别画面上每一个点所构成颜料的种类和每种颜料的比例。

4.5.1　复合颜料空间混合模式及解混

中国传统绘画技法与流派的不同，导致存世的彩绘类文物表面颜料复合情况十分复杂。而中国传统绘画在用色过程中，也遵循一定的色彩规律。中国传统绘画技法很多，有分染法、罩染法、掏染法、反衬法等。但从颜料的空间分布形式来看，大概可以分为两种。第一种是在施绘前颜料经过混合调制，一般包括 2～3 种甚至更多颜料先混合再上色。第二种是颜料在施绘前不经过混合调制，而是一层层地分别绘制在基层上，有时候在层之间还要上矾用于固色。为了方便阐述，本项目称第一种混合模式为调制式，第二种混合模式为层叠式。

图 4.17 和图 4.18 是调制式混合颜料的平面放大图，其中图 4.17 是 50％石青和 50％石绿混合调制颜料绘在宣纸上的显微镜图像，放大倍数为 160 倍；图 4.18 是显微镜下 50％藤黄和 50％蛤白混合颜料的放大图像。从图 4.17 和图 4.18 中可以看出，两种颜料的混合并不十分均匀，而且其中部分区域还有杂质存在。

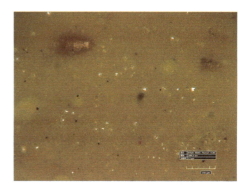

图 4.17　50％石青、50％石绿混合　　　　　图 4.18　50％藤黄、50％蛤白混合

层叠式混合,在夏寅等对甘肃省天水伏羲庙壁画颜料显微分析中提到,该绘画曾出现了 5 层彩绘(夏寅 等,2008),说明这种绘制方法古代也是常见的。

综上可知,在彩绘类文物中,由于艺术表现的需求,在实际绘画中经常使用各种调色方法,用两种及两种以上的颜料按不同比例的混合来得到艺术家理想中的颜色,各种不同颜料的搭配才得以形成了绚丽多彩的艺术品。因此,复合颜料的使用在绘画中十分普遍,对文物表面颜料的研究也应该充分考虑到颜料混合的现象。高光谱影像具有丰富的光谱反射信息,可以利用高光谱影像混合像元分解技术来确定组成文物表面颜色的基本颜料和各个基本颜料在混合像元中所占的比例。

高光谱影像的混合像元分解的基本目的是确定组成混合像元的基本颜料和计算各个基本颜料在混合像元中所占的比例。前者称为端元提取(endmember extraction),后者称为丰度反演(abundance inversion)(张兵,2016)。

目前,对矿物颜料的解混研究一般采用线性混合模型较多,非线性模型也有少数学者在研究当中。本书中采用线性混合模型,其模型细节、端元提取方法和丰度反演方法在第 3 章已经叙述,这里不再赘述。在此,对端元提取的盲源分离方法在复合颜料中的应用进行了研究,在分析了几种常见丰度反演方法的基础上,提出了一种基于众数的比值导数法颜料解混算法。

4.5.2　复合颜料盲源分离端元提取

确定复合颜料的种类需要先将混合的光谱分离,再与颜料光谱库进行匹配,得到相似度最高的结果。端元提取,通常意义上指的就是提取纯净像元的过程。在绘画的复合颜料中,画面上经常使用多种颜料混合后再绘制,影像中可能并不存在所谓的“纯净像元”。在难以从影像上直接提取基本颜料种类时,可以使用相关统计分析方法,利用最优化思想对混合像元光谱直接进行分离,将混合光谱用两个矩阵相乘的形式来表达,其中一个矩阵视为分离出来的端元光谱矩阵,每一列就是一个端元,与之相对应的另外一个矩阵则认为是丰度。基于统计分析的常见算法有快速独立成分分析算法(FastICA)和非负矩阵分解算法(NMF),这两种算法的分解模型与线性模型较为相似,便于理解,因而得到广泛研究和应用。本节利用颜料混合比较了两种方法端元提取的效果。

1. 混合样本端元提取

1)FastICA 和 NMF 端元提取

为了研究 FastICA 算法和 NMF 算法对实际矿物颜料混合光谱的分离效果,验证算法的有效性和实用性,制作了 3 组混合颜料的样本,分别为赭石-花青、石青-石黄、朱磦-藤黄。其中每组颜料按照一定比例(5 种)混合,如表 4.14 所示,分别得到 5 条端元丰度不同的混合光谱。

表 4.14　颜料样本混合比例

序号	混合物比例	
	$A/\%$	$B/\%$
1	90	10
2	75	25
3	50	50
4	25	75
5	10	90

其中,所采用的颜料既有不含胶的矿物颜料石青和石黄粉末,也有已经加过胶的如花青、藤黄等植物性颜料,通过钵体研磨过筛之后,利用千分之一(0.001 g)精密分析电子天平进行精准称量。然后将所称量的颜料加入等量的胶液施绘于 4 cm×4 cm 宣纸上,模拟实际绘画环境,数据的具体采集环境与建立光谱库时的一致。图 4.19 分别列出了混合颜料的端元光谱及各组以不同比例混合后的光谱。

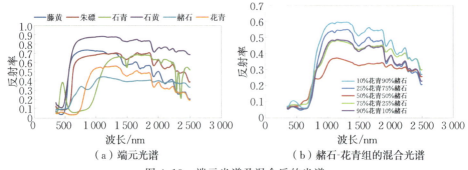

（a）端元光谱　　　　　　（b）赭石-花青组的混合光谱

图 4.19　端元光谱及混合后的光谱

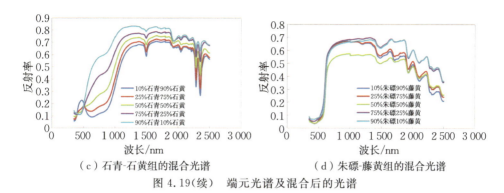

（c）石青-石黄组的混合光谱　　　　　　（d）朱磦-藤黄组的混合光谱

图 4.19（续）　端元光谱及混合后的光谱

在实际应用中，当涉及实测数据的处理，例如在岩矿混合像元分析中，通常都是取相邻的几个岩心光谱作为光谱数据矩阵，这些相邻的岩心光谱物质组成成分视为相同，仅是各组分丰度稍有区别。因而处理古书画混合光谱数据时，也可以采集感兴趣区域周围相邻的几个点的光谱作为混合光谱矩阵一起参与运算。以不同丰度的混合颜料光谱的实测数据作为原始输入光谱数据，图 4.20、图 4.21、图 4.22 分别列出了赭石-花青、石青-石黄、朱磦-藤黄三组的混合颜料光谱经过 FastICA 和 NMF 算法分离出来的结果。

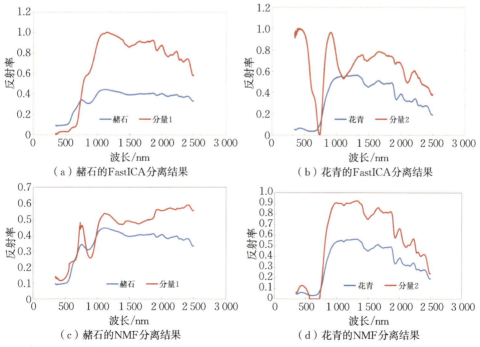

（a）赭石的 FastICA 分离结果　　　　　　（b）花青的 FastICA 分离结果

（c）赭石的 NMF 分离结果　　　　　　　（d）花青的 NMF 分离结果

图 4.20　赭石-花青组的分离结果

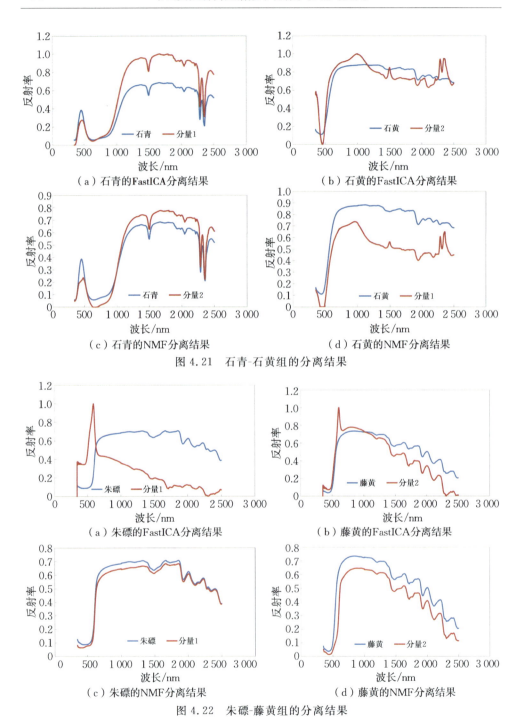

（a）石青的FastICA分离结果

（b）石黄的FastICA分离结果

（c）石青的NMF分离结果

（d）石黄的NMF分离结果

图 4.21　石青-石黄组的分离结果

（a）朱磦的FastICA分离结果

（b）藤黄的FastICA分离结果

（c）朱磦的NMF分离结果

（d）藤黄的NMF分离结果

图 4.22　朱磦-藤黄组的分离结果

为了更客观地评价两种算法的分离效果，分别计算了分量 1 和分量 2 与端元的相关系数和均方根误差,列于表 4.15 和表 4.16 中。

表 4.15　相关系数计算结果

组别	颜料	FastICA 方法		NMF 方法		端元相关系数
		分量 1	分量 2	分量 1	分量 2	
第一组混合	赭石	0.951	−0.283	0.886	0.797	0.831
	花青	0.929	0.241	0.566	0.995	
第二组混合	石青	0.990	−0.122	−0.091	0.993	0.321
	石黄	0.085	0.838	0.901	0.357	
第三组混合	朱磦	−0.334	0.935	0.997	0.839	0.791
	藤黄	0.306	0.905	0.753	0.970	

表 4.16　均方根误差计算结果

组别	颜料	FastICA 方法		NMF 方法	
		分量 1	分量 2	分量 1	分量 2
第一组混合	赭石	0.168 0	0.150 9	0.013 2	0.111 0
	花青	0.140 2	0.140 6	0.030 3	0.069 0
第二组混合	石青	0.054 9	0.184 0	0.089 0	0.006 2
	石黄	0.117 2	0.011 9	0.067 4	0.142 9
第三组混合	朱磦	0.190 6	0.071 9	0.000 9	0.034 0
	藤黄	0.124 1	0.019 4	0.018 9	0.012 5

2)FastICA 和 NMF 端元提取结果比较

从端元与分量的光谱图结果来看,NMF 分离出的分量光谱与端元光谱相似度较高,光谱形状基本一致,表中的相关系数均较高也侧面说明了使用 NMF 算法分离出来的分量质量较好;相对而言,FastICA 分离出的分量与端元光谱不是很吻合,部分分量光谱走势甚至与端元光谱相反。

通过比较端元光谱与分离之后的分量之间的相关系数可以发现,NMF 分离出的两个分量与相应端元光谱的相似度较高;而 FastICA 分离出的分量则存在同一个分量与两个端元的相似度都比较高的情况。如分量 2 与朱磦和藤黄的相关系数均较高,并且高于同时分离出来的分量 1,赭石和花青这组也出现了类似的问题;而石青和石黄这组分离的质量较好,这可能是因为石青和石黄的相似度并不高,而赭石和花青、朱磦和藤黄的相关系数达 0.831 和 0.791。此外,从表 4.15 的相关系数结果表中也可看出,与 FastICA 的结果相比,NMF 分离出的分量与对应端元之间的相关性较高,最高达到了 0.997,最低也有 0.886;而 FastICA 则最低出现了 0.241,最高的是匹配为石青的分量 1,相关系数达到了 0.990。

从表 4.16 的均方根误差结果来看,两种算法表现出了与相关系数类似的特征:对于 NMF 算法来说,分量的均方根误差呈现出良好的可分性,各分量之间的差距比较大,能够快速地做出判断;但对于 FastICA 算法来说,仅从数字上不能很好地区分,还需结合相关系数来进一步判断,如 FastICA 算法分离出的花青和赭石,与分量 1 和分量 2 的均方根误差都比较大等。

从两种算法的原理上来看,FastICA 算法采用不同的非二次函数,对分离结果会产生影响,这取决于端元光谱的高斯性与哪种非二次函数的变化规律更为接近。此外,采用的分离矩阵的初始值是沿随机函数产生的一个 0 至 1 之间的矩阵,每次迭代初始值均不一样,因而分离出来的结果容易陷入局部最优,也有可能计算不收敛,如果合理选择目标函数和分离矩阵初始值,可以得到较好的分离结果。NMF 算法对于输入矩阵只有非负性这一个要求,但由于 NMF 算法采用的目标函数非凸,具有多个极值点,计算得到的结果可能不是全局最优解,选择合适的初始值矩阵将会更容易获得较好的分离结果。

从上面的分析可以看出,与 FastICA 算法相比,NMF 算法虽然也存在容易陷入局部最优解等问题,但是从分量的精度、重现性及稳定性来看,NMF 算法能够较好地实现混合光谱的分离,分离得到的分量能够满足物质识别的要求。

2. 山水画颜料端元提取

古字画实验选取的是晚清时期的一幅山水画(图 4.23),整体画风清丽淡雅,以平远的构图方式,从画面的左下近景开始,拾级而上,远处的亭台、矮丘尽收眼底,展现出一幅奇伟辽阔的秋日山水场景。不同于传统青绿山水的大面积石青、石绿重色施涂的方式,该画以暖色调为主,点缀以冷色调,以浓墨勾勒树干和枝叶其形,青色的屋顶和浅绛色的山石相间,形成对比,表现出深秋由暖转寒的感觉。

利用 ASD 地物光谱仪采集了该字画表面的重点关注区域光谱,采集环境为暗室,利用仪器自带的光源,测量多次取平均值。结合对该画作的风格的判断及绘画设色的相关知识,选择画作中红色区域作为研究对象。确定混合颜料的种类,就要确保分离的混合颜料光谱是由相同的几种颜料混合而成,因此首先分析 ASD 地物光谱仪测得的关注区域的光谱,选择光谱形状基本一致的区域作为最后的光谱分离对象。根据这一原则,采集了该字画表面同色调的不同区域的 6 个光谱,具体的选点如图 4.23 所示。

图 4.24 列出关注区域原始光谱,为了更好地突出光谱的特征,对其进行了包络线去除,如图 4.25 所示。从原始的光谱图中可以看出,选取的 6 个关注点的光谱曲线形状基本一致,整体上来说只有反射率高低的区别,经过包络线去除之后,6 条光谱的波峰和波谷的位置基本一致,1 000 nm 之后的光谱基本重合了,说明这 6 个点的颜料是一样的。

从上述 6 个点中,选择了命名为"亭子顶部"和"亭子前面的山石"的两个点作为待分离的光谱矩阵,利用 NMF 算法和 FastICA 算法对这两条光谱进行分离,其中分离出的端元个数,根据经验知识设置为 2。将分离出的分量与光谱库中的光谱进行匹配(由前述实验可知,NMF 算法较 FastICA 算法分离结果好,此处以

NMF 算法分量匹配的结果为主),匹配算法使用经典的光谱角匹配算法,给出了最佳匹配的前三种结果,具体如表 4.17 和图 4.26 所示。

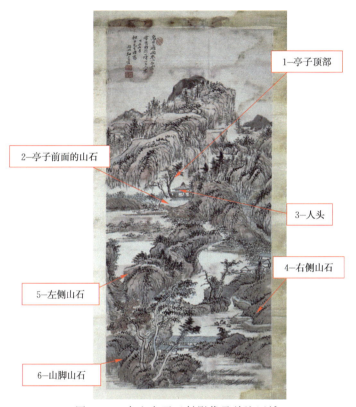

图 4.23　古山水画正射影像及关注区域

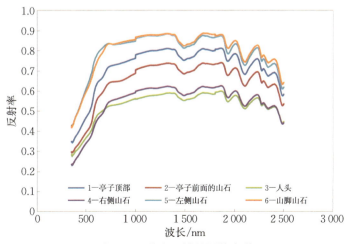

图 4.24　关注区域的原始光谱

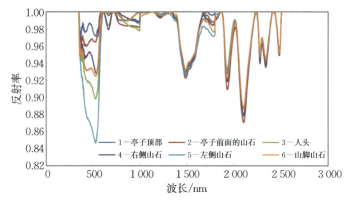

图 4.25　经过包络线去除后的光谱

表 4.17　NMF 算法的匹配结果

匹配结果	结果 1	结果 2	结果 3
NMF1	Terra cotta Tiles(赤土陶俑,成分为 Fe_2O_3)	赭石(Fe_2O_3)	石黄(As_2S_3)
NMF2	铅粉(铅白)	云白	方解石

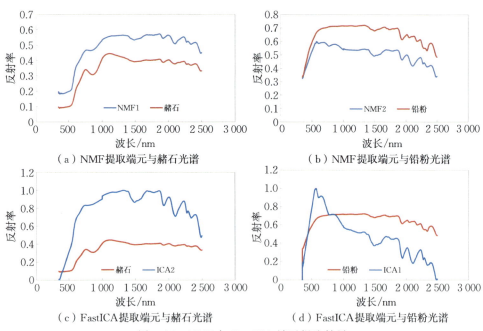

（a）NMF 提取端元与赭石光谱

（b）NMF 提取端元与铅粉光谱

（c）FastICA 提取端元与赭石光谱

（d）FastICA 提取端元与铅粉光谱

图 4.26　NMF 与 FastICA 端元提取结果

　　通过对分离得到的分量与光谱库的颜料进行匹配,得到了如图 4.26 所示的结果。说明这 3 处的颜料是由赭石和铅粉混合而来的。将分离得到的分量与光谱库的端元进行比较,表 4.18 列出了它们之间的相关系数,表 4.19 列出了它们的均方根误差。从相关系数来看,赭石与分量 NMF1、铅粉与 NMF2 的相似性均比较高,从图 4.26 上看吻合度也很好,而均方根误差的结果也与相关系数的匹配结果一致。而 FastICA 算法分离出的分量,其相关系数与均方根误差结果均表明赭石与铅粉与 ICA2 分量的相似度高,这一点与前面两个实验的结果有相似的地方,也说明 FastICA 的结果不如 NMF 好。

表 4.18　端元提取各分量相关系数

颜料	NMF1	NMF2	ICA1	ICA2
赭石	0.959 0	0.509 8	0.510 7	0.822 4
铅粉	0.710 2	0.964 2	−0.397 1	0.901 5

表 4.19　端元提取各分量均方根误差

颜料	NMF1	NMF2	ICA1	ICA2
铅粉	0.036 5	0.023 4	0.069 1	0.050 6
赭石	0.011 2	0.396 7	0.225 1	0.092 5

为了验证该匹配结果是否正确,对该山水画的人头、山石、亭顶的同色区域进行了拉曼鉴定,选择的是 532 nm 处的激光光源测量,结果如图 4.27、图 4.28 和图 4.29 所示。

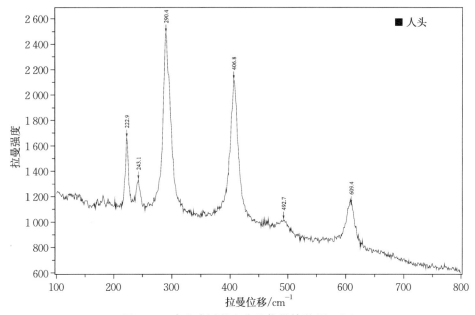

图 4.27　古山水画的人头处拉曼结果(Fe_2O_3)

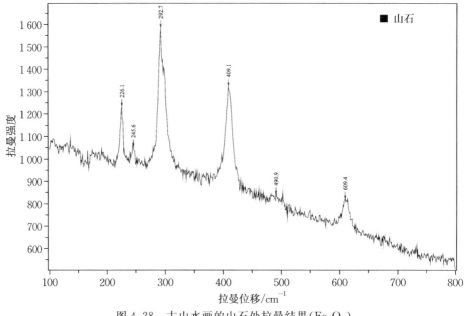

图 4.28　古山水画的山石处拉曼结果（Fe_2O_3）

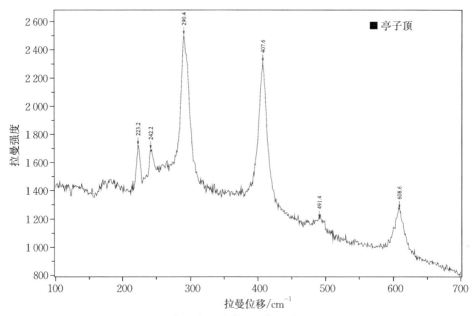

图 4.29　古山水画的亭顶处拉曼结果（Fe_2O_3）

　　拉曼光谱仪结果表明，在 $223\ cm^{-1}$、$407\ cm^{-1}$ 和 $608\ cm^{-1}$ 附近有明显的峰，而这正是赤铁矿矿物由于 Fe—O 键的弯曲振动产生的特征峰（常晶晶，2010），而赭石的主要成分正是赤铁矿，也就是 Fe_2O_3。没有检测出铅粉的原因，有可能是因为铅粉的含量相对较少,在 $100\sim700\ cm^{-1}$ 这个波段信号较弱,有文献表明铅白的强信号峰出现在 $838\ cm^{-1}$、$1\,054\ cm^{-1}$、$1\,364\ cm^{-1}$、$1\,478\ cm^{-1}$ 等处(胡文英 等,2012),而此次检测的拉曼光谱仪的波数范围在 $100\sim700\ cm^{-1}$ 区域。在实际的绘画中,在一些重色调的颜料中加入白色颜料常常能起到调和稀释的作用,被广泛应用在绘画中。此外再结合整幅画来看,所选区域的颜色比较淡,不排除加入铅粉进行稀释的可能。

从以上讨论可以看出,虽然鉴于仪器的检测范围有限,并没有完全检测出该区域所含颜料的种类,但是结合绘画知识及匹配的颜料结果,能推断出颜料的种类。由此可以看出,NMF 算法在分离实际书画混合颜料上也能起到很好的效果,在混合颜料分析中具有很大的应用价值。

4.5.3 复合颜料丰度反演

复合颜料的丰度反演,主要是在完成端元提取的基础上,计算各端元在每个像素中所占的比例。本小节介绍了单形体体积法和基于子空间距离的复合颜料丰度反演实验,提出了基于众数的比值导数法颜料解混算法,并与最小二乘法、单形体体积法的颜料解混进行了精度对比。

1. 基于单形体体积的颜料解混算法

单形体体积法基于凸面几何体原理,认为端元是构成高光谱图像中的基本元素,其他所有的像元都可以由端元组表示出来,认为 $N-2$ 维空间的凸集体积和所有顶点的集合构成一个 $N-1$ 维空间凸集的体积之比就是目标端元的丰度值。其原理已经在第 3 章进行了详细阐述,本小节设计了颜料混合的实验进行验证。

颜料解混算法使用的颜料种类有胭脂、藤黄、赭石、头绿和头青,其中胭脂、藤黄和赭石为块状颜料,头绿和头青为粉末状颜料。

宣纸选用 A4 大小,在宣纸上尽可能多地画出 $30\ cm\times30\ cm$ 的正方形小格,并且在小格下方留出空白位置,填上每个方格中对应准备绘制的混合颜料及其比例,以及要绘制的纯净颜料,然后用干净且干燥的毛笔蘸取上述溶解好的颜料和纯胶水分别均匀地绘制在宣纸上,如图 4.30 所示。

利用美国 ASD 地物光谱仪对样本进行光谱采集,如表 4.20 所示。

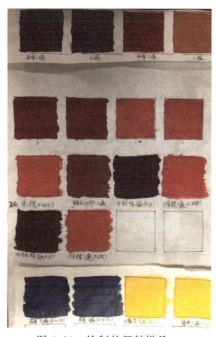

图 4.30 绘制的颜料样品

表 4.20 样品采集结果

序号	组成的混合颜料种类	对应颜料比例
1	藤黄＋赭石	75%：25%
2	藤黄＋赭石	50%：50%
3	胭脂＋赭石	10%：90%
4	头绿＋头青	10%：90%
5	头绿＋头青	25%：75%
6	头绿＋头青	50%：50%
7	头绿＋头青	75%：25%
8	头绿＋头青	90%：10%
9	藤黄	100%
10	赭石	100%
11	胭脂	100%
12	头绿	100%
13	头青	100%
14	胶水	100%
15	宣纸	100%

将上述采集到的光谱数据代入单形体体积解混方法中,得到的胭脂和赭石的混合颜料丰度反演结果如表 4.21 所示。

表 4.21 胭脂与赭石混合颜料单形体体积法丰度反演结果

颜料	真实比例	单形体体积法 丰度反演结果	包络线去除后单形体体积法 丰度反演结果
胭脂	10%	7.18%	13.48%
赭石	90%	98%	90.95%

表 4.22 为藤黄和赭石混合颜料及其丰度反演结果。

表 4.22 藤黄与赭石混合颜料单形体体积法丰度反演结果

颜料		藤黄	赭石
第一组	真实混合比例	75%	25%
	丰度反演结果	75.97%	40.59%
第二组	真实混合比例	50%	50%
	丰度反演结果	59.95%	66.19%

表 4.23 为头绿和头青混合颜料及其丰度反演结果。

表 4.23 头绿与头青混合颜料单形体体积法丰度反演结果

颜料		头绿	头青
第一组	真实混合比例	10%	90%
	丰度反演结果	14.08%	80.93%

续表

颜料		头绿	头青
第二组	真实混合比例	25%	75%
	丰度反演结果	29.84%	69.66%
第三组	真实混合比例	50%	50%
	丰度反演结果	53.02%	48.50%
第四组	真实混合比例	75%	25%
	丰度反演结果	76.29%	24.81%
第五组	真实混合比例	90%	10%
	丰度反演结果	90.09%	14.34%

2. 基于子空间距离的颜料解混方法

高光谱遥感图像的几何特征就是其在高维特征空间中表现为单形体,传统的线性光谱混合模型采用迭代方式,复杂度较高,基于单形体体积的丰度反演算法,利用高维空间中单形体的几何特征,能够高效地进行丰度反演。而单形体体积法的实质是利用了距离比,所以子空间距离算法是对单形体体积法的改进,并且降低了时间复杂度,提高了计算效率,该算法经过了严格的数学证明过程,在理想情况下能得到准确的结果(罗文斐 等,2008)。

子空间距离算法考虑到了归一化约束条件,即同一混合像元中各端元丰度之和为 1,其算法流程如图 4.31 所示。

其计算公式为式(4.17),即

$$a_i = \frac{\|\boldsymbol{B}_i^+ \boldsymbol{B}_i \boldsymbol{x}\|_2}{\|\boldsymbol{B}_i^+ \boldsymbol{B}_i \boldsymbol{e}_i\|_2} \qquad (4.17)$$

其中,a_i 为端元 $\boldsymbol{e}_i$ 的丰度,n 为端元个数,$\boldsymbol{E}_i = [\boldsymbol{e}_1 \ \boldsymbol{e}_2 \ \cdots \ \boldsymbol{e}_{i-1} \ \boldsymbol{e}_{i+1} \ \cdots \ \boldsymbol{e}_n]$,$\boldsymbol{B}_i$ 为 $\boldsymbol{E}_i$ 的零子空间矩阵,$\boldsymbol{B}_i^+$ 为 $\boldsymbol{B}_i$ 的广义逆矩阵。

将涂有颜料的纸晾干后放在黑布上,使用光谱仪测定光谱,在上、下、左、右四个不同方向各测一次,预处理时取平均值。利用解混算法求各端元丰度,结果会因波段范围、颜料种类及其在混合颜料中的比例不同而有微小波动。初步计算时直接采用以上格式计算,即不考虑纸和黑布的影响,发现有的结果非常不准确。为使结果准确,将黑布和纸作为端元进行解混实验。

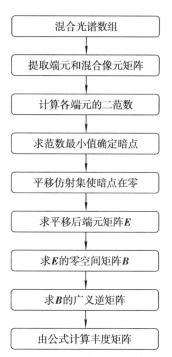

图 4.31　子空间距离算法的流程图

如图 4.32 所示是实验的颜料混合样本。

图 4.32　颜料混合样本

表 4.24 是具体选择的颜料种类和混合比例。

表 4.24　颜料种类和混合比例

材料	成分	重量混合比例
2 种颜料	胭脂、赭石	10∶90
	头绿、头青	10∶90、25∶75、50∶50、75∶25、90∶10
3 种颜料	藤黄、花青、赭石	50∶30∶20
黏合剂	明胶、冷水、热水	10∶ 40∶60

表 4.25 是利用基于子空间距离颜料解混方法对胭脂与赭石 10∶90 混合样本的丰度反演结果。

表 4.25　胭脂与赭石混合样本基于子空间距离的颜料解混结果

基本颜料	真实混合比例	丰度反演结果			
		未将纸和黑布作为端元	黑布作为端元	将纸作为端元	将纸和黑布作为端元
胭脂	10%	23.07%	14.15%	12.43%	10.45%
赭石	90%	76.93%	85.85%	87.57%	89.55%

表 4.26 是利用基于子空间距离颜料解混方法对藤黄、花青与赭石混合样本进

行丰度反演的结果。

表 4.26　藤黄、花青与赭石混合样本基于子空间距离的颜料解混结果

基本颜料	真实混合比例	丰度反演结果	
		未将纸和黑布作为端元	将纸和黑布作为端元
藤黄	50%	44.86%	46.36%
花青	30%	7.13%	33.39%
赭石	20%	48.01%	20.24%

实验结果表明将绘画宣纸及放置宣纸的下垫物的光谱一起作为端元光谱进行像素的解混其精度更高,证明了高光谱探测波段对颜料层和宣纸具有一定的投射性。因此,在进行复合颜料解混研究时,作为基底的宣纸也有部分反射光谱透过颜料层进入仪器,甚至放置宣纸的平台也会对混合光谱产生影响,将这些可能混入像元测量反射光谱的影响因素加入计算,才能得到更高的解混精度。

3. 基于众数的比值导数光谱法颜料解混算法

自 20 世纪 90 年代初,"比值光谱—导数分光光度法"作为一种简单有效的测定物体组分浓度的光谱分析方法被提出,之后广泛地应用于生物医药、化学、纺织等领域。比值导数光谱法结合了导数分析法和光谱混合分析方法的特点,能够有效减少背景因素的影响、增强光谱间的反差,提高反演目标物体丰度的准确性。比值导数光谱法由于在计算组分浓度的时候需要事先测定该组分的标准溶液浓度,比较适合于液体浓度的测定。尹琴丽等(2017)以实验室制作的矿物颜料样本为实验对象,在原有比值导数光谱法的基础上,改进了特征波段的选取方法,发展出一种基于众数的比值导数光谱法,模拟数据和实测数据结果都证明该方法取得了较好的解混精度,在混合颜料光谱丰度反演中有很大的应用潜力。

1) 基本算法

利用比值导数法测定二元混合物组分的浓度,通常是假设该混合物的吸光度满足可加性,也就是线性关系。该法首先需要测定出该混合物的光谱及作为干扰组分的物质的标准光谱,然后计算混合物的光谱与干扰组分的光谱的比值,进而将得到的比值光谱对波长进行求导,消除干扰组分的影响,最后通过波峰或者零交点位置求解组分丰度。具体的公式可描述如下:

假设混合光谱满足线性混合模型,并满足端元丰度非负且端元丰度之和为 1 的约束条件。以两种混合物为例,当忽略误差项时,模型可简单表示为式(4.18)(赵恒谦 等,2013),即

$$r(\lambda_i) = F_1 \times r_1(\lambda_i) + F_2 \times r_2(\lambda_i) \tag{4.18}$$

式中,i 为光谱通道,$r(\lambda_i)$ 为混合光谱在 λ_i 波长位置的反射率,F_1、F_2 为端元的丰度,$r_1(\lambda_i)$、$r_2(\lambda_i)$ 分别为端元 F_1、F_2 所对应的在 λ_i 波长位置的反射率。将端元 F_2 视为干扰组分,式(4.18)两侧同时除以 F_2 端元光谱的反射率,可得

式(4.19),即

$$\frac{r(\lambda_i)}{r_2(\lambda_i)} = F_2 + \frac{F_1 \times r_1(\lambda_i)}{r_2(\lambda_i)} \tag{4.19}$$

式(4.19)两边对 λ_i 求一阶导数,可得式(4.20),即

$$\frac{\mathrm{d}}{\mathrm{d}\lambda}\left(\frac{r(\lambda_i)}{r_2(\lambda_i)}\right) = F_1 \times \frac{\mathrm{d}}{\mathrm{d}\lambda}\left(\frac{r_1(\lambda_i)}{r_2(\lambda_i)}\right) \tag{4.20}$$

通过式(4.20)可以看出,两边同时除以 $\dfrac{\mathrm{d}}{\mathrm{d}\lambda}\left(\dfrac{r_1(\lambda_i)}{r_2(\lambda_i)}\right)$ 即可得到 F_1 端元的丰度,已经与其他的端元丰度没有关系。

2) 改进算法

传统的比值导数光谱法,在求得比值导数光谱之后,通常是通过波峰或者零交点位置求解组分丰度,但当波长存在漂移或者待测组分在零交点波长处的比值导数值较小时可能会导致测定结果存在误差,而且对于高光谱这类数据量大、波段数众多的数据,波峰或者零交点位置不唯一,导致结果准确度不高。也有学者利用石膏和绿帘石粉末作为实验样本,通过计算求解出来的各波段丰度与实际丰度的皮尔逊(Pearson)相关系数和均方根误差作为先决条件,从中找出与实际丰度较为吻合的波段范围认为是强线性波段,但仅仅实验了几类颜料。高光谱波段数众多,在没有相关系数等先验条件的基础上,无法准确选择具体的某一个波段进行丰度值的反演。

模拟数据的结果显示,如果混合光谱满足良好的线性关系,那么每一个波段反演出来的结果都是真实的丰度值。考虑到矿物混合物的光谱在可见光波段非线性明显,在近红外波段区间则满足线性关系,在 350～2 500 nm 满足线性关系的波段总数占波段总数的大部分,因此统计某一个区间的众数即可确定丰度值。基于此,提出了基于众数的比值导数法,在原有比值导数光谱法的基础上,通过改进特征波段的选取方法,引进众数这一统计概念,用来表征其总体特征,进而确定丰度。首先,将比值导数光谱法求解的丰度值按照线性约束条件剔除异常值之后,以步长0.1 为间隔(步长的大小是通过实验来确定的),统计反演的端元丰度值落在这些区间的个数,众数所在的区间认为是初步的丰度值范围。其次,以步长 0.01 为比例间隔,构建一系列模拟混合光谱,计算模拟光谱与实测光谱的相关系数,相关系数最高的一组端元比例即为最终的丰度值(Lyu et al,2020)。

3) 实验结果

要想获得较好的色彩修复效果,颜料配比要尽可能准确,才能降低人眼察觉到的色差。为了探究人眼察觉小色差的辨色阈值与颜料丰度之间的关系,选择了人眼分辨力最高的蓝色颜料,制作了 21 种石青和蛤白不同含量的混合颜料样本,如图 4.33 所示。其中混合颜料的总质量为 1 g,石青的质量依次按照 0.05 g 逐渐递

增,蛤白的质量则相应递减,在这里,石青的质量每增加 0.05 g 相当于石青的丰度增加 5%。

图 4.33　石青和蛤白不同含量的混合颜料样本

颜料样本的色差值 δE 的测量采用荷兰 Avantes 公司的 AvaSpec-ULS3648 系列光谱仪,其光谱范围为 360~780 nm 。通过对相邻的颜料样本的色差值数据进行一个差值运算,可以更为直观地看到色差值随颜料丰度的变化而变化。如表 4.27 所示,δE 为仪器测量颜料样本的相对色差值,$|\Delta E|$ 为表 4.27 中两行相邻色差值 δE 之差的绝对值。

表 4.27　不同样本的色差差值

颜料样本	δE	$|\Delta E|$
石青 100%	1.393 0	—
95%石青+5%蛤白	2.502 2	1.109 2
90%石青+10%蛤白	3.092 6	0.590 4
85%石青+15%蛤白	7.409 0	4.316 4
80%石青+20%蛤白	6.733 7	0.675 3
75%石青+25%蛤白	9.627 6	2.893 9
70%石青+30%蛤白	14.363 8	4.736 2
65%石青+35%蛤白	17.060 0	2.696 2
60%石青+40%蛤白	18.332 9	1.272 9
55%石青+45%蛤白	19.725 1	1.392 2
50%石青+50%蛤白	22.275 0	2.549 9
45%石青+55%蛤白	24.634 9	2.359 9
40%石青+60%蛤白	26.643 8	2.008 9
35%石青+65%蛤白	28.120 6	1.476 8
30%石青+70%蛤白	30.931 8	2.811 2
25%石青+75%蛤白	39.064 8	8.133 0
20%石青+80%蛤白	39.354 8	0.290 0
15%石青+85%蛤白	41.479 0	2.124 2
10%石青+90%蛤白	51.292 3	9.813 3
5%石青+95%蛤白	56.234 0	4.941 7
蛤白 100%	67.316 4	11.082 4

　　根据对表中色差辨别的相关研究知道,彩色系样品色度坐标值的色差宽容度可设置为 $\Delta E < 3.0$。从表 4.27 中可以看出,21 个样本点中绝大多数样本色差差值落在 $\Delta E < 3.0$ 的范围内,因此 5% 的颜料丰度差值认为是人眼恰可察觉小色差的辨色阈值。考虑到实际全色过程修复工作者往往把颜料的丰度调得比实际的丰度淡一些,因此可以将统计范围设置为 10% 的区间,也就是 0.1 的步长。

　　为了进一步验证算法的有效性、实用性,制作了 7 组矿物颜料的样本,其中 2 组纯净颜料(视为端元)和 5 组混合颜料,图 4.34 和图 4.35 分别为制作的颜料样本的照片及光谱。其中,矿物颜料采用不含胶的石青和石黄粉末,利用千分位(0.001 g)精密分析电子天平进行精确称量。然后将所称量的颜料加入等量的胶液施绘于 4 cm×4 cm 宣纸上,模拟实际绘画环境。具体的混合颜料样本比例见表 4.28。

图 4.34　5 组混合颜料样本

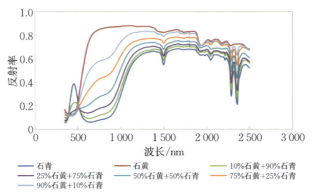

图 4.35　实测颜料光谱

表 4.28　颜料样本比例

样本序号	样本比例/%	
	石青	石黄
1	100	0
2	95	5
3	75	25
4	50	50
5	25	75
6	10	90
7	0	100

为了提高丰度反演结果的精度,采集的光谱数据并不能直接用于计算中,还需要进行一定的光谱预处理。下面以 25%石青+75%石黄为例,介绍数据处理的方法。主要步骤如下:

(1)将采集得到的光谱经过平滑处理之后,减去纸的光谱,去除纸的光谱的影响。

(2)将实测的纯净颜料光谱石青和石黄光谱,分别与混合光谱(25%石青+75%石黄)进行相关系数运算,得到相关系数较高的端元石黄,则石黄为待测丰度。

(3)以相关系数较低的石青作为干扰组分,利用比值导数光谱法求出石黄的丰度。

(4)计算石黄丰度落在统计区间内的个数,众数所在的区间认为是初步的丰度值范围。然后以步长 0.01 为比例间隔,构建一系列模拟混合光谱,计算模拟光谱与实测光谱的相关系数,相关系数最高的一组端元比例即为最终的丰度值。

为了客观比较比值导数光谱法的结果和评价反演精度,将全约束最小二乘法(full constrained least square,FCLS)和单形体体积法的结果也列入表 4.29 中。为了更好地对丰度反演结果进行评价,计算了这三种方法结果的均方根误差(root mean square error,RMSE),结果见表 4.30,均方根误差越小表示反演结果越好。主要从以下几个方面对结果进行分析。

表 4.29 不同算法反演的丰度值

算法名称	端元	丰度反演结果				
		10%石黄+90%石青	25%石黄+75%石青	50%石黄+50%石青	75%石黄+25%石青	90%石黄+10%石青
FCLS	石黄	0.082 1	0.174 8	0.323 4	0.515 0	0.716 9
	石青	0.917 9	0.825 2	0.676 6	0.485 0	0.283 1
单形体体积法	石黄	0.107 5	0.194 3	0.321 9	0.497 0	0.686 5
	石青	0.949 8	0.876 5	0.768 9	0.597 2	0.394 0
比值导数光谱法	石黄	0.100 0	0.200 0	0.300 0	0.700 0	0.940 0
	石青	0.900 0	0.800 0	0.700 0	0.300 0	0.060 0

(1)从 3 种算法的丰度反演结果来看,反演的精度误差各有不同。最好的是比值导数光谱法,其均方根误差是 0.068 5,其次为 FCLS 和单形体体积法,对应的均方根误差依次是 0.079 1、0.094 1。从结果可以看出,全约束最小二乘法效果较好,最小的误差为 1.79%,最大的误差为 23.5%。基于几何学的单形体体积法能够快速解算出丰度值,但是准确度不高,最大的丰度误差值达到了 25.3%。基于众数的比值导数光谱法的均方根误差为 0.068 5,最小的丰度误差为 0。与其他两种算法的结果相比,基于众数的比值导数光谱法反演的大部分的丰度值较为准确,总体上精度较高。

表 4.30　不同解混算法精度评价

算法名称	与实际丰度间的差值					
	10%石黄+90%石青	25%石黄+75%石青	50%石黄+50%石青	75%石黄+25%石青	90%石黄+10%石青	均方根误差
FCLS	0.017 9	0.075 2	0.176 6	0.235 0	0.183 1	0.079 1
单形体体积法	0.007 5	0.055 7	0.178 1	0.253 0	0.213 5	0.094 1
比值导数光谱法	0.000 0	0.050 0	0.200 0	0.050 0	0.040 0	0.068 5

(2)丰度反演统计区间范围的设定也是影响解混精度的一个方面。统计的区间过大,虽然能够保证精度,但是会造成工作量的增大和工作效率的降低;区间过小,则精度存在较大的误差,因此确定一个合适的统计区间范围是至关重要的。

(3)从模拟数据和实验数据的丰度反演结果来看,实验数据反演的精度不如模拟数据精确,说明矿物混合颜料的光谱并不是完全遵循线性关系,这一点与前人的研究结果一致。虽然矿物混合颜料的光谱在可见光波段区间非线性关系明显,并不是完全遵循线性关系,但是所获取的实验数据范围涵盖整个可见光至近红外波段,在整体上表现为线性关系,基于众数的比值导数光谱法还是能够取得较好的解混效果。

(4)从实验过程来看,混合颜料制样的过程也会存在误差,主要表现为粉末状的矿物颜料在称量、搅拌的过程中容易溅出,在绘制过程中也存在局部不均匀的情况。尽管在制样过程中严格按照操作规则及采取多次涂抹等方法,但是仍然存在误差。

(5)鉴于文物修复工作的特殊性及修复过程中的实际情况,在全色过程中往往是由浅到深,是一个逐步试探的过程。因此比值导数光谱法可以为文物修复过程中的全色提供了一个大概的丰度区间,缩小了试色范围,有助于提高修复工作效率。

第 5 章　隐含信息提取与信息增强

隐含信息指可能存在于彩绘表面部分区域,仅靠人眼或者普通数码相机拍摄的真彩色影像难以识别的信息,如底稿信息、修复痕迹、涂改信息、重绘画面和模糊文字等。本章主要对隐含信息提取及信息增强的基本流程和其中涉及的关键技术进行介绍,并就一些书画实例进行隐含信息提取和信息增强。

5.1　高光谱隐含信息提取现状

彩绘类文物由于各种各样的原因,在其表面可能存在一些人眼难以辨认的痕迹、模糊的图案或者褪色的文字等信息,这些可能是艺术创作过程中原作者留下的痕迹,也可能是后续保存过程中人们的干预,又或纯粹是漫长岁月的侵蚀导致的褪色模糊。这些在彩绘表面可能存在的,仅靠人眼或者普通数码相机拍摄的真彩色影像难以识别的信息,如底稿信息、修复痕迹、涂改信息、重绘画面和模糊文字等,称为隐含信息(Hou et al,2019)。这些信息对研究过去特定年代的历史、社会、科学和艺术等具有较大的价值。

隐含信息提取则主要指利用高光谱技术信息丰富、穿透性优于普通数码相机的特点,利用各种光谱增强技术,从彩绘表面的高光谱影像中提取人眼难以识别的微弱信息和无法识别的隐含信息。高光谱成像技术是具有高光谱分辨率的遥感科学技术,凭借其独特的"图谱合一、无损检测"等特点逐渐应用到文物保护领域。利用高光谱技术提取隐含信息或者信息增强,近年来引起了国内外学者的研究兴趣。

高光谱影像涵盖了可见光、近红外甚至中红外波段,有助于识别颜料(王乐乐等,2015)或表层物质掩盖下的信息(Daffara et al,2011;Kamal et al,1999;Mansfield et al,2002),挖掘肉眼察觉不到的信息。Delaney 等(2010)利用可见光和近红外光谱技术实现现场的艺术品物质检测。侯妙乐等(2014)基于高光谱数据提取壁画底稿信息。Wu 等(2017)基于高光谱短波红外图像,结合主成分分析及光谱角填图算法,对古画中的矿物颜料进行了分类和识别,并提取了画中的修补痕迹等隐含信息。Balas 等(2003)研发了一套可用计算机控制的高光谱成像系统,可以对具有历史艺术价值的文物进行无损分析,并实验恢复了旧手稿中被擦除覆盖的脚本。Padoan 等(2008)通过对光谱图像处理,恢复了受油墨影响的区域,并通过信息增强处理将原始影像中人眼不可见的描绘植物叶片的水印变得可见。Aalderink 等(2009)基于光谱距离相似算法进行了特征提取与分类,恢复了一份

19 世纪的手写书信中被墨水腐蚀的区域,并利用主成分分析和二次最大似然算法,实现了一份 17 世纪地图底稿的可视化。Salerno 等(2007)利用主成分分析、独立成分分析及统计处理技术成功提取了阿基米德重写本中被覆盖的文本和图案。Kim 等(2011)利用高光谱成像技术和梯度域处理方法,对旧文档纸张褪色、墨水渗透浸染痕迹、墨水腐蚀进行分析,增强了历史文档的可读性。Goltz 等(2010)用主成分分析方法在一定程度上减弱了旧文档上铁胆墨水与红酒渍的影响,增强了文档的可视性。由此可见,利用高光谱技术的较强穿透性、丰富的波段信息来提取人眼和可见光相机无法或者很难分辨的隐含信息已经成为国内外的研究热点。

5.2　高光谱隐含信息提取流程

一般而言,利用高光谱影像提取隐含信息包括变换、增强和输出等环节,根据前人的研究基础和本团队的研究成果,将隐含信息提取归纳为包含四个关键处理环节的文物隐含信息提取流程,如图 5.1 所示。

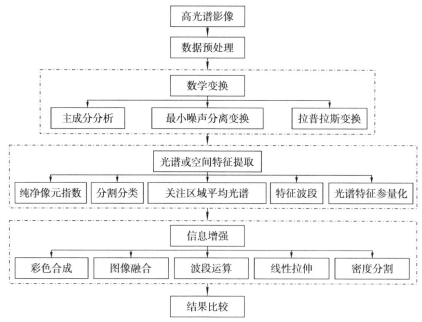

图 5.1　隐含信息提取流程

该流程主要包括数学变换、光谱或空间特征提取、信息增强和结果比较四个环节。根据研究对象的特点,数学变换可以选择主成分变换、最小噪声分离(MNF)变换、拉普拉斯变换或者其他的变换;光谱或空间特征提取包括纯净像元指数、分割分类、关注区域(region of interest,ROI)平均光谱、特征波段和光谱特征参量化等运算;信息增强可以采用彩色合成、图像融合、波段运算、线性拉伸和密度分割等多种方法组合。

5.2.1　数学变换

高光谱影像一般具有上百个波段,能够提供更为丰富的信息,但同时也存在波段之间相关性高、信息冗余和运算量大等问题。因此,在隐含信息提取的时候,常采用各种数学上的变换来实现特征波段选择或特征信息提取,主要目的在于提取隐含信息丰富的波段或者分量。常用的方法包括主成分分析(PCA)变换、最小噪声分离(MNF)变换及拉普拉斯(LE)变换等,可以抽象为由高光谱数据的 n 维高维空间以某种准则向 m 维较低特征空间转换的数学问题,一般 m 远小于 n,变换后的成分则按照一定的原则排列。在隐含信息提取时,按照具体情况选择其中的某些波段组合进行增强处理。

PCA 变换是基于信息量的一种正交线性变换,建立在统计特征上,是在均方根误差最小情况下的最佳正交线性变换。主要是采用线性投影的方法将多维数据投影到新的坐标空间中,从而使得新的成分按信息量分布。

MNF 变换也是一种正交线性变换,运算结果将原始数据的信息集中到变换后的前几个波段,波段信息量随波段数的增加而减小,按照信噪比从大到小排列。由于信息量的集中与增强,影像中的微弱信息得以体现。

LE 变换是一种流形学习的非线性降维变换,是通过极小化目标函数得到低维嵌入坐标,变换后能保留数据嵌入流形的局部特征。

PCA、MNF 及 LE 的具体变换方法在第 3 章已经讨论,表 5.1 是三种常用方法的比较。

表 5.1　PCA、MNF 及 LE 变换的比较

方法	数学变换性质	依据特征	变换准则	成分排序方式	应用场景
PCA 变换	正交线性变换	全局统计特征	均方根误差最小	方差值	高光谱数据压缩、去相关、去噪和特征提取
MNF 变换	正交线性变换	全局统计特征	噪声方差最小	信噪比	高光谱数据的信息综合、特征增强和光谱降维
LE 变换	流形学习非线性变换	邻域局部特征	邻域图极小化目标函数	拉普拉斯矩阵特征值	保留数据嵌入流形的局部特征的数据降维

5.2.2　光谱或空间特征提取

高光谱影像经过数学变换后,由原来的高维空间变换为较低维度的特征空间,然后在该低维的特征空间上,根据隐含信息提取或增强的实际需要,进行端元提取

与丰度反演、特征波段选择、光谱特征参量化和高光谱影像分类等不同的方法及其组合来提取文物表面可能存在的隐含信息。往往以灰度图、真彩色或假彩色合成影像来表示提取的结果。

1. 端元提取与丰度反演

端元提取是从高光谱影像中获取目标的纯像元,或者是从地面实测或光谱库中得到的纯光谱。利用端元提取,可能发现目标影像上可见光波段不易发现的颜料痕迹。常见的端元提取方法可以分为基于投影的方法、基于凸面几何分析方法和基于统计学习分析方法等。丰度反演计算各个组成混合像元的纯净端元的比例,可以制作特定端元的丰度图,以图像灰度或者颜色的浓淡程度来展示所提取端元在空间上的分布。端元提取与丰度反演结合,可以应用于绘画作品的隐含信息提取。

2. 特征波段选择

特征波段选择(或称为特征选择)是一种非常重要的高光谱数据降维方法,它根据一定的准则或搜索策略直接从高光谱数据的光谱波段中选出合适的波段组合,形成一个波段子集,并保证该子集能够尽量多地保留原始数据的主要光谱特征或者提高原始数据的地物类别可分性,也就是说要按照一定的标准选择一个最优的波段组合,也可以在变换后的特征空间中,根据一定的准则选择某些成分的组合,来尽可能地反映隐含信息,例如基于梯度、显著性特征、信息熵、最佳波段指数和类间可分性度量等波段选择方法。

3. 光谱特征参量化

光谱特征参量化的目的是对高光谱曲线特征进行定量表达,用数值化的形式来描述反射率随波长的变化特征,有光谱斜率和坡向、光谱二值编码、光谱吸收指数、光谱导数、光谱积分和光谱曲线函数模拟,隐含信息提取常用光谱吸收指数来增强画面上特定的内容。光谱吸收特征的量化往往建立在包络线去除和归一化的光谱曲线上。量化的光谱吸收特征包括:吸收位置为在光谱吸收谷中,反射率最低处的波长;吸收深度为在某一波段吸收范围内,反射率最低点到归一化包络线的距离;吸收宽度为最大吸收深度一半处的光谱带宽;吸收对称性为以过吸收位置的垂线为界线,右边区域与左边区域面积比值的对数。

4. 高光谱影像分类

高光谱影像分类算法有二值编码匹配、光谱角填图和神经网络分类等。通过高光谱影像分类,将高光谱影像(根据向量夹角、光谱特征和空间特征等分类准则获取的高光谱彩绘类文物表面)分成若干类别。如果存在人眼和真彩色数码相机无法识别的隐含信息,由于其某些特征在高光谱数据中很可能有所反映,因此是有可能通过高光谱影像分类方法将其单独分为一类的。分类可以在原始光谱影像数据上进行,也可以在经过数学变换降维后的特征空间中进行,可以作为隐含信息提取的手段。

5.2.3　信息增强

为了有选择地突出某些重点关注的信息,并且消除或降低一些其他无关的信息,经常利用图像增强方法。其目的是采用一些技术手段或有效算法提高图像的清晰度,改善图像的目视效果。图像增强处理并不强调图像的保真度,增强处理是为了进一步提高图像信息提取的能力。高光谱图像具有大量的波段,目标事物在不同波段的特性是有差异的,把这种差异作为区别不同事物的依据。根据这种多波段特性,高光谱图像在图像处理方法上就有其独特性。可以通过彩色合成、直方图对比度拉伸、波段运算、灰度分割和阈值掩模及形态学滤波等方法来进行信息增强。

1. 彩色合成

人眼对彩色影像的分辨能力要比对黑白灰度的分辨率高得多,单一的灰度信息已经不能满足人们信息提取的需求。基于高光谱影像多波段和较宽的波段范围,高光谱影像的彩色信息在影像判读和信息提取方面具有很大优势。为了得到彩色图像,一般利用彩色合成的方法对高光谱影像进行处理。彩色图像又分为真彩色图像和假彩色图像。真彩色图像上的颜色与普通数码照片和人眼观察的颜色基本相同,而假彩色图像的颜色与实际人眼观察到的颜色不一致。利用高光谱影像数据合成真彩色图像时,对真彩色图像的三个颜色分量赋予真实的颜色波段影像。合成影像中,红色分量选红色波段的影像、绿色分量选择绿色波段的影像、蓝色分量选择蓝色波段作为合成影像。而在假彩色影像合成时红、绿、蓝三个颜色分量并不是真实的红、绿、蓝波段影像,一般是将近红外波段赋予某种彩色显示,达到突出目标要素的目的,有利于信息的判读和提取。

2. 直方图对比度拉伸

高光谱影像经过数学变换降维、光谱或者空间信息提取后,一般以灰度图像或者彩色图像的方式来表达隐含信息,但其灰度或者颜色值域分布可能不太理想,无法充分利用显示系统的灰阶突出隐含信息。因此,可以利用直方图对比度拉伸方法,来对提取的隐含信息图像进行增强处理。一个波段的数字图像可以视为是一个二维的数字矩阵,它由一系列依序排列的像元组成。常规数字图像的亮度值是离散的,它的亮度值编码是从 0~255,共 256 级灰阶。记一幅图像每一个亮度等级的像元数为 m_i;数字图像的所有像元数为 M,则某一个亮度值的频率为 $p_i = m_i/M$。以横坐标表示图像的亮度级,纵坐标表示每一亮度级的像元数或频率,绘制出的统计图称为图像的亮度直方图。通过观察直方图的形态,可以分析图像的质量。根据统计规律,一般像元亮度值是按随机正态分布的,通过改变直方图的性质可以对图像的质量进行优化。

线性变换使图像变换后亮度值范围与变换前的亮度值范围是线性关系。一般线性变换是对原始亮度等级的范围进行成比例扩大,使变换后的图像直方图的两

端达到饱和。线性变换是通过一个线性函数来进行变换,其数学式为式(5.1),即

$$y = ax + b \tag{5.1}$$

式中,y 为线性变换后输出像元的亮度值,值域一般为$[0,255]$;x 为原始图像的像元亮度值;a 和 b 为两个参数常量。通过线性变换,可改变图像直方图的性质,达到提高图像质量、增强隐含信息的目的。

3. 波段运算

在高光谱图像中,不同波段的图像反映不同的光谱特性,因此,利用不同波段图像的运算,可以达到增强某些信息或消除某些信息的目的。因此,在隐含信息提取中,可以利用原始高光谱图像的某些波段,或者数学变换后特征空间的某些分量,以及利用加减乘除等组合运算来达到增强隐含信息的目的。

1)差值运算

选择两个或两个以上特征波段进行数学差值运算。由于不同颜料具有不同的光谱吸收和反射特征,所对应的特征波段不同,在不同的波段影像呈现出不同的空间信息。针对原始影像或变换后影像中物体的特征差异性,选择目标物体较为突出,而背景信息较弱的波段进行运算,使得目标物体更加突出,从而增加目标信息与背景信息之间的对比度。波段差值运算的数学表达式可以简单表示为

$$\boldsymbol{B} = \boldsymbol{B}_x - \boldsymbol{B}_y \tag{5.2}$$

式中,$\boldsymbol{B}_x$ 和 $\boldsymbol{B}_y$ 为两个不同波段或不同时相的同一波段图像,$\boldsymbol{B}$ 为差值运算的结果影像。

如果 $\boldsymbol{B}_x$ 和 $\boldsymbol{B}_y$ 为两个不同波段,差值运算可以增加不同目标在两个波段上反射光谱的反差;如果 $\boldsymbol{B}_x$ 和 $\boldsymbol{B}_y$ 为不同时相的同一波段,则差值运算可以用来反映不同时间被研究对象的变化信息。

2)比值运算

与差值运算类似,两个波段的比值运算也常被用来增强某些目标。在遥感中,比值运算能减弱因地形坡度和坡向引起的辐射量变化,消除地形起伏的影响,也可以增强某些地物之间的反差,如利用植被、土壤和水在红色波段与红外波段图像上反射率的不同,通过比值运算加以区分。在隐含信息提取中,也可以借鉴该方法对提取的隐含信息进行增强,其公式为

$$\boldsymbol{B} = \boldsymbol{B}_x / \boldsymbol{B}_y \tag{5.3}$$

式中,$\boldsymbol{B}_x$ 和 $\boldsymbol{B}_y$ 为两个不同波段或不同时相的同一波段图像;$\boldsymbol{B}$ 为比值运算的结果影像,其应用情况与差值运算类似。

3)混合运算

除了差值与比值运算外,加法运算可以加宽波段,如"绿色波段+红色波段"近似等于全色图像,而"绿色波段+红色波段+红外波段"可以得到全色红外图像。乘法运算可以达到与加法运算相同的效果。但加法和乘法运算难以实现对目标信

息的增强,因而在遥感或者文物隐含信息提取方面很少单独使用。一般是与差值和比值运算结合使用来增强隐含信息,即波段的混合运算。例如在遥感中为了提取植被信息,提出了十余种植被指数,多数是运用了波段的混合运算,来去除水分、土壤等对植被提取的影响。经典的是归一化植被指数,其公式为

$$B = \frac{B_x - B_y}{B_x + B_y} \tag{5.4}$$

式中,B_x 和 B_y 为两个不同波段或不同时相的同一波段图像;B 为混合波段运算的结果影像,其值域为 $[-1,1]$,归一化的值域范围方便对提取的信息进行量化分析和进一步处理。

在绘画表面隐含信息提取中,根据不同颜料的光谱分布,也可以设计针对隐含信息的混合运算,用来增强隐含信息和背景的反差。

4. 灰度分割和阈值掩模

灰度分割是把一幅灰度图像的灰度值分成等间隔或不等间隔的离散灰度级,对每个离散灰度赋予新的颜色,实现由一幅灰度图像到彩色图像的转变,以符合人类眼睛对颜色的分辨能力远远大于灰度的现象,从而达到增强目标图像的目的,若灰度等级选择合适的话,就相当于对灰度图像的初始分类。

如果提取的隐含信息是轮廓类等,通过上述特征提取处理后,特征影像中一般只存在目标信息和背景信息两类。特征影像根据目标信息和背景信息的数值差异,将影像划分为两个灰度级,在此过程中不断调整灰度分割的阈值以取得最佳的提取效果。随后,根据影像灰度分割的阈值设置,对影像进行掩模处理,将影像分成高于阈值和低于阈值两类,即背景信息和目标信息两类,从而获得一幅只含有目标与背景信息的黑白掩模图像。

5. 形态学滤波

在进行隐含信息提取形成二值化掩模图后,有时候由于提取算法的影响,掩模图中可能存在区域边缘不联系、椒盐噪声点等问题,可以采用形态学滤波对结果影像进行处理。数学形态学中最基本的变换包括膨胀、腐蚀、开和闭运算。开运算滤波器定义为先对图像进行腐蚀滤波,然后再用相同的结构元素进行膨胀滤波。腐蚀运算可以从图中消除不相关的细节,而膨胀运算最常见的应用是将裂缝桥接起来。开运算一般断开狭窄的间断和消除细的突出物,可以用于平滑图像边缘、打破狭窄峡部、消除孤立像元和锐化图像最大、最小值信息等。

其他的信息增强手段还包括包络线去除、光谱微分、平滑滤波、锐化滤波和线状特征提取等。

5.2.4　结果比较

隐含信息提取与信息增强效果的评价一直以来都是图像处理界的热点及难

点,彩绘类文物的隐含信息提取及信息增强的目的是突出某些重点关注的文字、图案和痕迹等目标,然而对图像整体而言,可能导致的反而是信息熵等图像质量评价指标变差。因此,一些常用的图像质量评价方法并不太适用于彩绘类文物的隐含信息提取与信息增强工作。尽管如此,仍然可以根据一些增强处理的具体目标借用一些指标来评价其效果,例如线条提取后,可能整个图像的质量下降,但其边缘信息得到增强,可以用图像的平均梯度来辅助评价结果。

通过数学变换、特征提取和信息增强后的结果影像给出实际隐含信息的判断,一般需要高光谱处理人员与文物保护研究专业人员共同针对提取后的结果影像,对照高清的真彩色影像进行对比,共同得出隐含信息性质的判断。在条件允许的情况下,还需要对提取后的结果影像与文物本体进行仔细对比观察,最后才能得出结论。

5.3　基于 MNF 的隐含信息提取

由于古字画存世时间较长,其画面可能存在不同程度的病害,一些被覆盖的修补信息很难被人眼识别,也难以取样调查。利用高光谱影像提取可能存在的隐含信息,对研究字画及字画的保护修复具有积极的意义。本节以清代名家张士保一幅画为研究对象,采集了该画作的高光谱影像和普通数字影像,对其进行了隐含信息提取,清晰地展现了画作由于时间的推移被覆盖的部分信息,如颜色被修补、笔迹被修改、画作曾被污损等(武望婷 等,2017)。

5.3.1　《论道图》背景

张士保（1805—1878）,字鞠如,号菊如,山东掖县(今莱州市)掖城人,清代画家、学者,嗜好金石文字,其行、楷、篆、隶,无所不精,尤以钟鼎文见长,最负盛名的则是画。山水、花鸟,不落恒蹊,尤工人物,悉宗古法。人物画笔意古雅,形态静穆,深得陈洪绶、崔子忠一派承宗古法的真传。《三续掖县志》中称张士保:"性孝友,事亲以养,有文誉,才隽学博,善抚钟鼎文,工画。"

张士保代表作《云台二十八将图》《罗汉图》《麻姑献寿图》等人物画,甚得吴道子"吴带当风"的笔法,线条极为洗练、流畅,显示了极高的艺术功底。《论道图》也出自这位晚清名家之手,画中以假山为背景,描绘了两个人激烈论道的情景。这幅古字画具有珍贵的考古价值和文化价值,但在长久保存过程中,自然环境(潮湿、光照、灰尘)或人为保护不当造成该画出现了不同程度的老化和褪色。图中的主要病害包括:左上角的文字不清晰;左上角印章模糊不清,无法识别印章内容;假山和人物线条不够明显,人物脸部无法看清;右侧人物衣袖处的线条肉眼无法识别。这幅画的色调黯淡,而大部分是用墨线勾勒出的图案,随着时间变长,渐渐变得模糊不清,区分度不高。其数字正射影像及画心尺寸如图 5.2 和图 5.3 所示。

图 5.2　《论道图》数字正射影像　　　　　　图 5.3　《论道图》画心尺寸

5.3.2　数据获取与处理

1. 数据获取

数据采集主要包括高光谱影像和数字正射影像,其中高光谱影像利用成像光谱仪 VNIR/400H 采集,其详细参数如表 5.2 所示。数字正射影像为利用佳能 5D Mark Ⅱ 单反相机获取的高清数码相片,经正射处理后生成。

表 5.2　VNIR/400H 成像光谱仪的主要参数

名称	参数
光谱波长范围	400～1 000 nm
光谱通道个数	多于 1 000
光谱分辨率	2.8 nm
空间尺寸	1 392
视场范围	30°
动态范围	14 bit
像元尺寸	6.45 μm×6.45 μm
噪声水平	10 MHz
相机类型	CCD/SONY ICX285AL

名称	参数
镜头焦距	23 mm
光圈	F/1.4
光源	250 W 石英卤素钨丝灯(LOWEL-PRO,USA)

数字影像的采样分辨率不小于 300 dpi,横向重叠度不少于 60%、纵向重叠度不少于 30%,同时要获取标准色卡数据,具体采集流程见 2.4.3 节。数字正射影像制作的基本思路是利用近景摄影测量立体像对原理,经过内定向、外定向、核线重采样、影像匹配、空间建模、纹理贴图等过程,最后进行正射校正生成正射影像。具体处理过程见 2.5.1 节。

高光谱影像数据采集包含的波段主要是可见光及部分近红外光,在多幅采集过程中环境及仪器参数应保持一致,采用仪器自带卤素灯,尽量保证数据采集工作为垂直拍摄,固定时间间隔采集标准反射板数据和暗电流数据,采集后对数据进行检验,合格后进行反射率校正。具体采集流程见 2.4.1 节。

2. 基于 MNF 和阈值掩模的隐含信息提取

高光谱影像数据波段数目多,相邻波段之间间距只有几纳米,波段之间相关性高,信息冗余大,在数据处理时易出现维数灾难。如前所述,在利用高光谱影像进行隐含信息提取时,利用数学变换降低维数是常见的做法。在此,采用 MNF 算法对高光谱数据进行变换,达到剔除噪声和数据降维的目的。

MNF 克服了 PCA 对噪声比较敏感的问题。在 PCA 变换中,变换后信息量大的主成分不一定具有高的信噪比。当某个信息量大的主成分信噪比小时,即包含的噪声的方差大于信号的方差时,该主成分波段就会形成质量较差的图像。而 MNF 变换不但能判定图像数据内在的维数,剔除数据中的噪声,而且能减少在进行之后处理中的运算需求量。

为了有选择地突出某些关注信息,并且消除或降低一些其他无关的信息,常利用图像增强的手段来达到这些目的。对该幅字画利用掩模的方法对 MNF 变换后的灰度图像进行效果增强。掩模的实质就是设定一个灰度阈值 T,对大于 T 的像素点灰度设为 1,小于 T 的像素点灰度设为 0,这样由原来的灰度图像转变为黑白二值图像,增加图像识别度。

3. 处理流程

利用高光谱影像进行隐含信息提取,过程主要包括反射率校正、MNF 变换、MNF 成分选择等,其具体实现步骤如下:

(1)对采集的高光谱原始影像数据利用标准反射板、暗电流数据进行校正,将高光谱影像的辐射亮度数据转换为反射率数据。

(2)对校正后的高光谱影像进行 MNF 变换,查看 MNF 变换后各分量的特征值,根据特征值确定阈值,选择后续处理的波段数。

(3)在 MNF 变换后的输出波段中,结合目视识别,选择特征值大、图像清晰的波段。

(4)对低维降噪后的图像进行掩模处理,突出显示提取的字画信息。

(5)将掩模后的影像与原始影像进行对比分析。

5.3.3 隐含信息提取结果

1. 数字正射影像图

如图 5.2 所示,是对数字相机采集的影像进行正射校正后生成的《论道图》的数字正射影像图。经正射校正后,可生成 300 dpi 的高清晰影像,颜色经色卡纠正后基本无差异,其画面像素被赋予坐标,整个画面具有可量测性。图 5.3 是其画心部分的尺寸。正射影像图可以作为书画的高清影像存档,也可以与高光谱隐含信息提取结果进行对比分析。

2. 印章信息提取

这幅画作中有两处印章,左上角文字下方印章完全看不清,通过人眼无法识别出印章的内容,右下角的印章较为清晰,可以清楚地看到印章的轮廓和内容。分别用图像增强的方法对这两处印章做处理,为印章的恢复提供一定参考。

对校正后的高光谱影像数据进行 MNF 变换,把影像数据中的有效信息和噪声分离,形成新的数据波段,即以有效信息为主的波段和以噪声为主的波段,波段顺序按照信噪比从大到小排列。原始数据的有效信息主要分布在前面特征值较大的波段,而后面特征值较小的波段主要是以噪声为主。图 5.4 为 MNF 变换后各波段的特征值分布,从数据可以看出随着波段数目的增加特征值逐渐减小,原始数据的有效信息主要分布在前面特征值较大的波段,后面的波段特征值较小,主要是以噪声为主。根据以上信息设定阈值为 10,选择 MNF 变换后的维数为 10,即只需输出前 10 个 MNF 波段。

通过目视选择,发现两处印章 MNF 变换后第 7 波段的影像最为清楚,可以清晰地区别出印章和纸张,因此选择第 7 波段的影像来进行掩模处

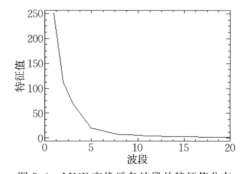

图 5.4　MNF 变换后各波段的特征值分布

理,转变成黑白图像,增加人眼识别度。如图 5.5 所示,是两处印章的原始数字影像,图 5.6 为左上角印章的原始数字影像,图 5.7 为左上角印章 MNF 变换后第 7 波段影像,图 5.8 为左上角印章经掩模处理后的影像,图 5.9、图 5.10 和图 5.11 是右下角印章的类似结果。

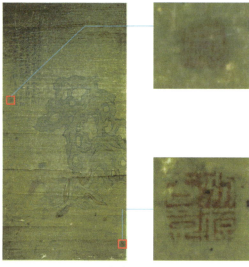

图 5.5　两处印章的原始数字影像

图 5.6　左上角印章的　　　图 5.7　左上角印章 MNF 变　　　图 5.8　左上角印章经掩
　　　　原始数字影像　　　　　　　换后第 7 波段影像　　　　　　　模处理后影像

图 5.9　右下角印章的原始　　图 5.10　右下角印章 MNF 变　　图 5.11　右下角印章经掩
　　　　数字影像　　　　　　　　换后第 7 波段影像　　　　　　　模处理后影像

3. 图像墨线提取

该幅画的背景呈暗黄色,是由于宣纸长时间老化造成的。通篇由墨线勾勒出山石景色和人物形象,由于线条颜色和背景颜色相差不大,导致人眼对这幅画的分辨能力降低,影响信息的判别和读取。通过上述图像处理的步骤,发现 MNF 变换后第 2 波段的灰度图像突出了画作中的墨线信息,淡化了纸的颜色,提高了图案的分辨能力。文字部分图像如图 5.12 所示,MNF 变换后第 2 分量波段增强效果如图 5.13 所示,可以看出文字得到了明显的增强。

图 5.12　文字部分图像

图 5.13　MNF 变换后第 2 分
量波段增强效果

　　山石部分同样采用 MNF 变换处理,选择图像清晰的波段,并将 MNF 变换后图像进行拼接,处理后图像清晰地显示出了山石的轮廓和作者的笔迹。山石部分数字影像如图 5.14 所示,山石部分 MNF 变换后第 2 分量图像增强效果如图 5.15 所示。

图 5.14　山石部分数字影像

图 5.15　山石部分 MNF 变换后第 2
分量图像增强效果

　　画作中间绘有两个人物,形象描绘了道士与和尚论道的情景。但是从原画上已经难以分辨出人物的表情,这可能是由于磨损等原因造成的。通过图像增强,清晰地恢复了画作上的人物神态及他们的衣冠体貌特征,对画作的修复有较大的参考价值。人物道士的数字影像与 MNF 变换后第 2 分量图像增强效果如图 5.16 与图 5.17 所示,人物和尚的数字影像与 MNF 变换后第 2 分量图像增强效果如图 5.18 与图 5.19 所示。

图 5.16　人物道士数字影像

图 5.17　人物道士 MNF 变换后
第 2 分量图像增强效果

图 5.18　人物和尚数字影像

图 5.19　人物和尚 MNF 变换后
第 2 分量图像增强效果

4. 隐含信息发掘

隐含信息是指字画中人眼所不能识别的图案,通过高光谱处理可以显现出来。前一小节所述的图案增强也属于隐含信息发掘的一种,通过提取墨线凸显了画作的轮廓信息、作者的技法信息和画法信息。除此以外,这幅画中的隐含信息还包括以下主要发现。

无论是从高光谱影像,还是从数码照片上都难以辨识出人物衣袖上的图案,拿原画来对比也无法识别出,然而在 MNF 变换后第 2 波段图像中可以清晰地看出袖子上由线条和点组成的图案,如图 5.20 和图 5.21 所示,画家原来画的应该是一个披着袈裟的和尚形象。

图 5.20　人物和尚高光谱影像

图 5.21　人物和尚 MNF 变换后第 2 分量图像增强效果

通过这处隐含信息的发现,猜测和尚人物身上的衣服应该还有相似的图案,其所批袈裟上都有点条的纹路,效果如图 5.22 至图 5.25 所示。

图 5.22　人物和尚衣服下摆高光谱影像

图 5.23　人物和尚衣服下摆 MNF 变换后第 2 分量图像增强效果

图 5.24　人物和尚袖口高光谱影像

图 5.25　人物和尚袖口 MNF 变换后第 2 分量图像增强效果

由于人为损害等原因,画作上有几处破洞,可能前人已经对这幅画做过保护修复,在破损处可能进行了全色处理。经过高光谱影像的 MNF 变换,可以清晰地表现出全色区域的位置和面积大小等信息,如图 5.26 所示在领口和袖口处有全色的痕迹。

如图 5.26 所示,人物的衣领和袖口处都有破损,即图中黑色区域,经过影像的 MNF 变换,第 2 波段图像凸显了全色区域,可以为后期此处的全色提供参考。

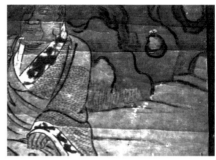

图 5.26　可能的全色痕迹

总之,张士保《论道图》色彩信息相对简单,却形象生动地描绘了道士与和尚论道的情景。画家的题字也颇具特点,很有晚清名家的风范。利用高光谱隐含信息提取与增强方法对该幅字画进行了处理。第一,对字画左上角印章信息进行了提取,原画上无法识别的模糊印章中的文字,经过处理后可以看出"士保"两个字,对画作的判别有重大意义。第二,图中的和尚形象,其衣着并非单色,而是披着条纹图案组成的袈裟,这更符合人物形象,也凸显了人物的身份。第三,图像的增强效果明显,经过处理之后淡化了纸张的颜色,凸显了墨线,加大了背景和笔迹的差别,能清楚地看出文字、山石和人物形象。隐含信息提取和图像增强效果为实际工作中的书画鉴定和书画修复提供了重要的依据。

5.4　基于 PCA 与 SAM 的信息提取

5.4.1　《捕鱼图》背景

倪田(1855—1919),初名宝田,字墨畊,别署墨畊父,号墨道人、墨翁,又号璧月盦主,江苏江都人,清末民初画家,画人物仕女及佛像皆取景高远,线条流畅,尤善画马及走兽,能随手挥洒,不用巧笔起稿。水墨巨石,设色花卉,腴润遒劲,意境清新而富野趣。传世作品有《写吴昌硕六十六岁肖像》轴,现藏于上海博物馆。倪田所作《捕鱼图》,以青绿色及墨黑色调为主,意境清新而富野趣。然而,画面霉斑严重,影响其外观和欣赏性。其数字正射影像如图 5.27 所示。

5.4.2　数据处理方法

　　隐含信息是指在可见光图像上不可见或不明显的信息。隐含信息的提取主要从图像和光谱两个方面分析，充分利用高光谱成像"图谱合一"的特点。图像分析是将校正后的高光谱数据影像进行处理，将处理后影像与真彩色影像进行比较，找出信息增强或变化的区域。光谱分析是通过提取关注区域的光谱曲线，并比较光谱曲线的特征发现隐含信息。隐含信息的提取流程如图 5.28 所示。

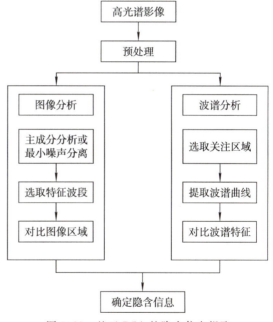

图 5.28　基于 PCA 的隐含信息提取

图 5.27　倪田《捕鱼图》数字正射影像

　　本节利用主成分分析（PCA）和假彩色合成影像实现隐含信息提取。主成分分析能在降低数据维数的同时剔除冗余信息，克服因高光谱数据波段相关性高而造成的提取效率低的问题。假彩色合成影像能够在保留图像信息的前提下增强图像的视觉效果。PCA 是在均方误差最小的情况下的最佳正交线性变换，是建立在统计特征上的线性变换。变换后各成分按照信息量大小排序，即第一主成分中包含原始影像数据中的最大信息量。

5.4.3　隐含信息提取

图 5.29 为真彩色图像主成分分析前后叶子对比图,通过对比可以看出主成分第三波段图像左下角部分叶子轮廓明显增强,而在原始图像上相应区域的叶子信息被深色颜料覆盖使其可见性减弱,较难分辨。

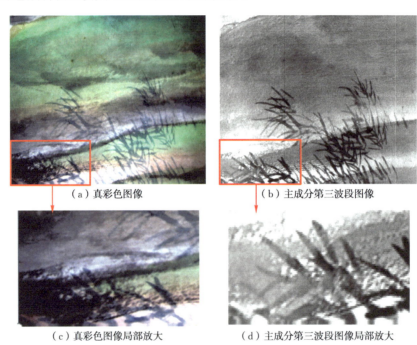

（a）真彩色图像　　　　　　　　　　（b）主成分第三波段图像

（c）真彩色图像局部放大　　　　（d）主成分第三波段图像局部放大

图 5.29　主成分分析前后叶子对比

图 5.30 是经过主成分分析后的第二波段,从图 5.30(c)可以看到很明显的船底轮廓线,推测可能是画家作画时先勾勒了船形轮廓后再被深色颜料所覆盖。

（a）真彩色图像　　　　（b）PCA第二波段主成分　　　　（c）局部放大效果

图 5.30　主成分分析前后轮廓线对比

图 5.31 是主成分分析前后边界信息对比图,其边界信息明显增强,尤其是绿色颜料信息高亮显示,清晰显示了原始图像上被黑色颜料覆盖的边缘信息。

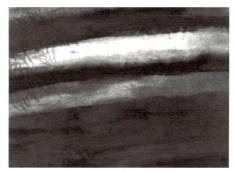

（a）真彩色图像　　　　　　　　　　（b）主成分分析后图像

图 5.31　主成分分析前后边界信息对比

　　图 5.32 是真彩色图像和 PCA 各成分对比图。从图 5.32 的四幅图像可以看出，黑色叶子在第一波段明显增强（黑色），青色叶子在第二波段明显增强（白色），红色叶子在第三波段较明显（黑色）。大致推断出先画青色叶子，再画红色叶子，最后画黑色叶子。

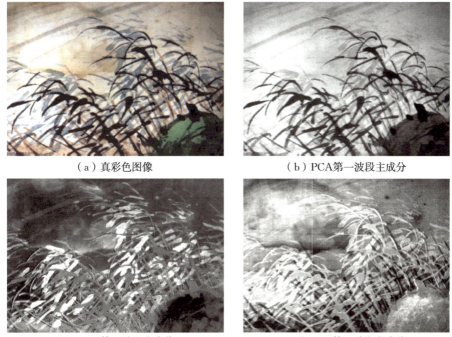

（a）真彩色图像　　　　　　　　　　（b）PCA第一波段主成分

（c）PCA第二波段主成分　　　　　　　　（d）PCA第三波段主成分

图 5.32　真彩色图像和 PCA 各成分对比

5.4.4　印章信息提取

印章作为中国书画"四绝"之一(所谓"四绝"指诗、书、画、印),是书画中的重要组成部分,本身也具有重要的价值。它不仅能作为一种供人独立欣赏的工艺品,更能体现历代印章制度、文字及镌刻风格的变化。从目前研究来看,有很多对于中国印章的研究。例如娄海涛(2008)提出的对中国书画印章图像的提取与识别,鲍泓等(2009)提出了一种自动提取中国书画作品中印章图像方法等。公印是印章的主流,多用于官府行文。而书画中的印章主要分为书画家本人所用印章与收藏家所钤的收藏印章,一般书画家在完成作品之后,为表示是自己所作就会署名再加钤印章,常常指的是私印。私印种类繁多,可以从字义、文字安排、制作方法、制作材料及构成形式等几个方面划分,如表5.3所示。

表5.3　私印分类表

分类指标	私印类别
字义	姓名字号印、肖形印、书简印、收藏鉴赏印、斋馆印、吉语印、署押印、成语印
文字安排	白文印、朱文印、朱白相间印、回文印
制作方法	铸印、凿印、琢印、喷印
制作材料	金印、银印、铜印、玉印、铁印、象牙印、犀角印、水晶印、石印等
构成形式	一面印、二面印、六面印、字母印、套印

印章需用印泥,故印章的颜色即为印泥的颜色,通常为红色。印泥有厚薄、干湿及蜜印、水印、油印之分。印章图像还有阴阳之分,阴文印底色为印泥颜色,字体是空白即为背景颜色,而阳文印没有底色,字体为印泥颜色。

印章的提取无论是基于纹理特征还是视觉特征,都不能分析印章的材质。由于市场上刻意伪造的印章与预留印章极为相似,所以更需要用更充分科学的方法对印章进行识别。高光谱成像技术具有"图谱合一"的特点,在形的基础上还能提供印泥的光谱信息,故成为印章提取的一种有效方法。基本流程为:首先进行数据预处理,其次选择关注区(印章区域)进行光谱分析提取平均光谱曲线,再将光谱曲线与标准光谱库匹配确定印泥材质,最后再根据一定的高光谱分类方法提取印章图像。图5.33为印章的光谱曲线及与实验室标准光谱库的匹配结果。

图5.33中,玫红色曲线为印章的平均光谱曲线,红色为朱砂光谱曲线,由图可知,两条曲线走势基本一致且差异很小,故

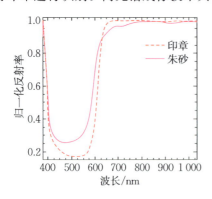

图5.33　印章光谱曲线匹配图

可推测印章中的主要成分为朱砂。

所用的分类方法为光谱角填图法,它是一种基于物理学的光谱分类方法,通过实验室测得的标准光谱或从图像中直接提取的已知点的平均光谱为参考,来确定两种光谱之间的相似性。SAM 算法是把端元光谱矢量和像元光谱矢量放在 n 维空间中进行角度比较,角度越小,表示相似性越高。如图 5.34 是两枚印章的真彩色影像,图 5.35 是印章经分类后的影像。对于书画上部分模糊不清的印章,经过分类可以起到信息增强的作用。

图 5.34   两枚印章的真彩色影像

图 5.35   印章经分类后的影像

5.5   一些古字画的隐含信息提取

研究团队利用高光谱成像仪采集了一批近现代字画,利用提出的隐含信息提取方法对获取的高光谱影像进行了处理,在部分字画上发现了明显的隐含信息。

其中一幅是周经的作品《荷塘芦雁》,该画受污渍损害严重,其中一朵荷花的花心部分被污渍覆盖,模糊了其原本的绘画笔迹。通过高光谱隐含信息提取抑制了污渍的影响,增强了污渍覆盖下的画作内容,使污渍覆盖部分的线条清晰可见。污渍覆盖区域隐含信息提取结果如图 5.36 所示,其中图 5.36(a)是其局部可见光影像,图 5.36(b)是利用高光谱技术增强后的影像,图 5.36(c)是对污渍覆盖区域放大后的效果。

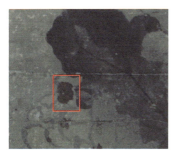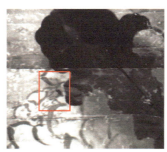

（a）可见光影像   （b）高光谱增强后影像   （c）局部放大图

图 5.36   污渍覆盖区域隐含信息提取结果

周经的《荷塘芦雁》受到老化和污渍影响比较严重,印章区域的内容难以辨认,通过高光谱信息增强,得到印文信息含量高的波段,形成灰度影像,从而增强印文,增加其可辨识性。如图 5.37 所示是一处原来极为模糊的印章的增强效果,灰度影像上的印文基本可辨。图 5.38 是另一处印章的增强效果,两枚印章的印文明显可以辨认。

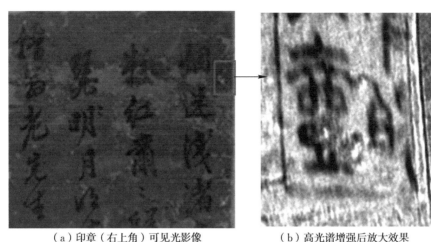

（a）印章（右上角）可见光影像　　　　（b）高光谱增强后放大效果

图 5.37　《荷塘芦雁》右上角印章可见光影像和高光谱增强效果

（a）印章（左下角）可见光影像　　　　（b）高光谱增强后放大效果

图 5.38　《荷塘芦雁》左下角印章可见光影像和高光谱增强效果

　　另一幅是司马钟所作《仙鹤芭蕉图》。研究团队利用隐含信息提取方法对这幅画作进行了处理,经过和可见光影像对比,发现高光谱增强后的影像存在一些条状的痕迹,与书画保护修复专家交流后,认定为该画在历史上曾经进行过修复,这些条状的痕迹应该是当时修改后留在背后的贴条。正常情况下,这些贴条在可见光影像上难以辨认,人眼观察画作表面也难以发现。经过高光谱隐含信息提取后,这些贴条的位置和长度等都清晰可见。这些提取的成果为该文物后期的修复提供了宝贵的资料。如图 5.39、图 5.40 及图 5.41 所示,是三处历史修复痕迹的对比图。

图 5.39　《仙鹤芭蕉图》历史修复贴条提取结果一

图 5.40　《仙鹤芭蕉图》历史修复贴条提取结果二

图 5.41　《仙鹤芭蕉图》历史修复贴条提取结果三

如图 5.42(a)所示,司马钟《仙鹤芭蕉图》的草地部分,画家用淡墨进行了点缀,由于本来颜色就很淡,随着时间的推移,很多地方都难以看清,并且与其他深色颜料画在一起,容易被人忽视。通过高光谱增强处理,能够凸显淡蓝色颜料的部分。图 5.42(b)、图 5.42(c)与图 5.42(d)是对高光谱影像进行主成分变换后的前三波段成分。图 5.42(e)是对高光谱进行主成分变换,取其信息含量最高的前三波段进行假彩色合成,形成一幅假彩色影像。可以看出,虽然在合成假彩色影像时红绿蓝三个颜色分量并不是真实的红、绿、蓝波段影像,但通过假彩色合成确实可以有效地突出目标要素,有利于信息的判读和提取。

第三幅是《回教画图》,作者未知。经过 MNF 变换后,第二波段影像中门前的台阶较真彩色影像得到明显增强,轮廓线很清楚,并且左边和中间两个门前的台阶在第二波段中的灰度值截然不同,疑似两个台阶使用不同的颜料绘制,如图 5.43 所示。

（a）真彩色影像

（b）第一波段主成分影像

（c）第二波段主成分影像

（d）第三波段主成分影像

（e）假彩色合成影像

图 5.42　PCA 前三波段与假彩色合成增强效果

（a）真彩色影像

（b）MNF变换后第二波段影像

图 5.43　《回教画图》台阶的 MNF 变换增强效果

5.6　一幅清代壁画的隐含信息提取

5.6.1　壁画背景

在北京市延庆区张山营镇后黑龙庙村有一观音庙,为清道光年间所建,原东西山墙各绘有十八罗汉壁画,现东山墙壁画已失,西山墙壁画留存至今,其下半部分绘有九尊罗汉画像,上半部分则为观世音菩萨普门品经变画,人物形象生动,保存状况一般,部分壁画受烟熏、颜料层脱落等病害损害,但形象依然可辨。研究团队利用高光谱成像仪和数字相机,于 2017 年获取了整幅壁画的高光谱影像和数字影像,经处理后生成正射影像,如图 5.44 所示。并利用高光谱隐含信息提取方法对部分壁画高光谱影像进行了处理。其中选西山墙壁画中的三部分影像为实验研究对象,其中有三部分提取效果较好,分别为九尊罗汉之一的罗汉上半身、遭受烟熏污染的壁画一角及被后人涂画破坏的罗汉脸部。

图 5.44　北京市延庆区张山营镇后黑龙庙村观音庙壁画正射影像

通过高光谱成像仪采集高光谱图像数据,基于高光谱遥感技术对文物无损检测的特点,利用其丰富的空间信息和光谱信息,对遭受了自然脱落、烟熏污染和恶意涂鸦而造成的轮廓模糊、肉眼难辨、原有信息被覆盖的壁画进行信息增强、提取与挖掘,从而为壁画的数字化保护与修复提供科学的参考依据。

5.6.2　数据采集与处理流程

通过高光谱成像仪采集高光谱图像数据,获取北京市延庆区张山营镇后黑龙庙村观音庙的壁画数据,并对采集到的数据进行辐射校正等预处理工作,确定研究区域。利用最小噪声分离法去除图像数据的噪声,选取特征波段,并利用光谱特征分析、波段运算等方法实现古代壁画隐含信息的提取,通过图像融合等方法对壁画进行信息增强,可以突出视觉模糊的壁画图像,增加古代壁画中褪色或局部损害区域的可读性。最后根据各部分得到的结果,进行分析和评价。

本次实验所用的古字画高光谱图像数据采集仪器型号为 THEMIS-VNIR/400H,这是由美国 Themis Vision System 公司开发的一套高光谱图像数据采集与分析系统,其光谱覆盖范围为 400～1 000 nm,包含了可见光波段与近红外波段,也可将其合称为可见近红外波段,光谱通道个数为 1 040,光谱分辨率达到2.8 nm。具体参数如表 5.2 所示。

高光谱成像仪是一种近距离高光谱成像设备,首先需要对影像数据进行辐射校正。校正的方法是通过采集仪器的暗电流数据与标准反射板数据。标准反射板数据即在正常数据采集模式下采集的标准反射板的高光谱图像数据。暗电流数据是指曝光时间与影像采集时间一致时无光照信号条件下采集的数据。所以在进行暗电流数据采集时,为了避免有光线进入镜头,在关闭卤素灯光源的同时用镜头盖将高光谱相机的镜头盖住后再进行采集。对采集的高光谱原始影像数据进行辐射校正,校正的公式为

$$Ref = (data - dark) / (white - dark) \tag{5.5}$$

式中,Ref 为校正后反射率,$data$ 为高光谱成像仪采集的原始高光谱影像数据,$white$ 为标准反射板数据,$dark$ 为暗电流数据。

5.6.3　隐含信息提取

主要针对三处研究区域进行隐含信息提取,分别为:①区域内壁画因自然脱落而造成的线条模糊不清部分;②其中一尊罗汉像耳、鼻、嘴处被恶意涂鸦区域;③严重的烟熏污染区域。

壁画隐含信息提取流程如图 5.45 所示。

以下处理流程将根据这三处数据,围绕壁画人物线描信息增强、壁画烟熏区域隐含信息提取、壁画涂鸦区域隐含信息挖掘三方面进行详细阐述。

1. 壁画人物线描信息增强

通过高光谱影像隐含信息提取技术,对仅存的七尊罗汉像中的其中一尊罗汉像进行信息增强,弱化其背景信息,从而更好地体现该罗汉的形态,增强了壁画人物的线描信息,为壁画的保护与修复提供参考依据。主要流程包括处理区域图像剪裁、MNF 正向变换、特征波段选择和 MNF 逆向变换。

1) 处理区域图像剪裁

利用 ENVI 软件对高光谱影像进行裁剪,突出要进行处理的人物画面,图 5.46 是对高光谱图像进行裁剪后,利用高光谱图像中对应的红绿蓝波段合成的彩色影像。在该部分中,可大致看出罗汉的整体形态,但是因年代久远修缮工作不

足,壁画有部分磨损和脱落,并受一定背景信息的影响。

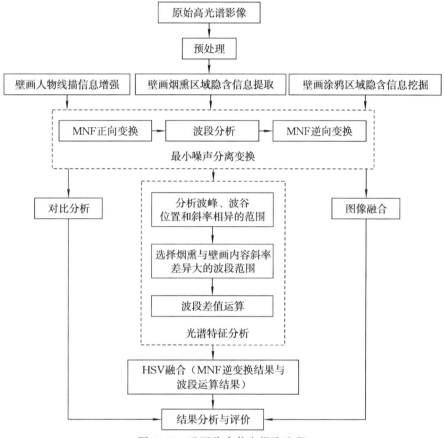

图 5.45　壁画隐含信息提取流程

图 5.46　裁剪后合成的彩色影像

2）MNF 正向变换

对裁剪后的高光谱影像进行 MNF 正向变换，变换后各波段按照信噪比大小排序，第一波段信噪比最大，依次递减。如图 5.47 所示是其中第 1、第 7 及第 9 波段影像图，可以看出，其噪声逐渐增加。

图 5.47　MNF 正向变换后第 1(左)、第 7(中)和第 9(右)波段影像

3）特征波段选择

通过 MNF 正向变换，可以降低图像数据内在的维数（即波段数），分离数据中的冗余波段（即噪声波段），减少随后处理中的计算量，从而将其信息主要集中在前几个波段，以达到抑制噪声的目的。而 MNF 正向变换对处理壁画隐含信息挖掘工作的意义不止于此，MNF 第 1 波段尽管信噪比最大，但有时并不能提供壁画隐含目标的主要信息，有时候其他波段影像中可能凸显一些隐含信息，因此，需要结合人工观察来选择特征波段。如图 5.47 所示，在第 7 波段中该罗汉的拐杖轮廓更加鲜明，而在第 9 波段中罗汉的帽檐及眉眼线条则十分清晰。

4）MNF 逆向变换

在完成 MNF 正向变换后，逐波段查看，用光谱子集选择其中图像信息较为明显的波段，进行波段输出。经实验，所输出的 30 个波段中，第 1、第 7 及第 9 的波段组合效果较好，故选择以上三个波段进行 MNF 逆向变换处理。如图 5.48 所示，是逆向变换后经合成的彩色影像。

图 5.48　MNF 逆向变换后经合成的彩色影像

通过观察 MNF 逆向变换彩色影像可以发现,经过变换后的影像较未变换时清晰许多,尤其是背景信息被弱化,人物信息得以增强,罗汉头部线条也趋于清晰流畅。如图 5.49 所示,为经高光谱影像增强前后合成影像的对比效果。图 5.50 是头部的放大效果。

图 5.49　高光谱增强前(左)后(右)图像效果对比

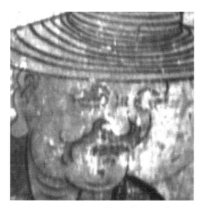

图 5.50　高光谱增强前(左)后(右)图像头部放大效果对比

通过对比图像数据处理前后的差异,可以发现处理以后的人物脸部信息变得丰富起来。进行 MNF 处理的同时弱化了背景噪声的影响,增强了壁画的视觉效果:罗汉的帽檐、眉眼线条更加完整,背景信息干净整洁。

2. 壁画烟熏区域隐含信息提取

后黑龙庙村西山墙的壁画右下角,由于村民在附近长期焚香,导致该处壁画存在严重的烟熏病害,并且画面上存在许多明显的人为划痕,壁画内容肉眼难以辨认。通过高光谱隐含信息提取,经 MNF 变换、光谱特征分析、波段运算和图像融合手段将隐藏的壁画信息增强。图 5.51 为烟熏区域处理前后结果对比。主要处理过程如下:

1)剪裁研究区域

图 5.51 中红框标识的三处区域内,有肉眼难以辨认的壁画内容。为提取这三

处壁画隐含信息,对整幅烟熏影像做了 MNF 变换处理。但整幅影像包含了大量特征信息,在 MNF 逆向变换影像中只强调了壁画边框处的云纹,而想要提取的目标信息特征十分微弱,边框花纹对壁画修复的意义不大。为了进一步提取这三处隐含信息,对影像数据分三处进行了裁剪,分别进行处理,如图 5.52 所示。

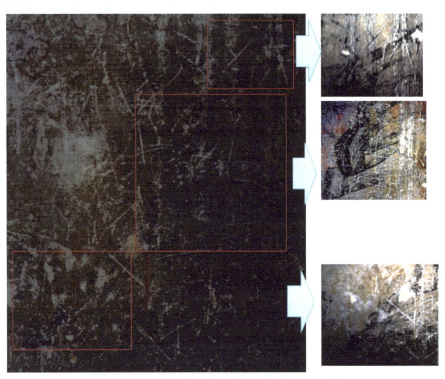

图 5.51　壁画烟熏区域原始彩色影像(左)与增强处理结果(右)对比

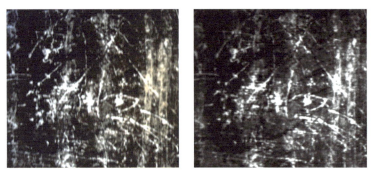

图 5.52　裁剪区域原始彩色影像(左)与近红外 790 nm 影像(右)

原始画面的近红外波段影像较真彩色影像轮廓清晰,但一些背景信息,如刮痕、烟熏污迹特征过强,一定程度上还是会影响壁画轮廓的视觉效果。

2）MNF 变换

a）MNF 正向变换

首先选择第 100～850 波段数据（433～910 nm），经观察发现，高光谱影像在波长前后两端的波段的噪声较高，这里手工选择中间波段参与运算，人工抑制噪声。经 MNF 正向变换后输出前 8 个主要特征波段影像。部分波段影像如图 5.53 所示。

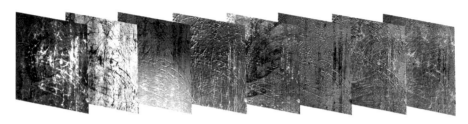

图 5.53　MNF 正向变换前 8 波段影像

b）MNF 逆向变换

选择几个壁画信息特征明显的波段做 MNF 逆向变换。经观察，选择了 MNF 第 1、第 2、第 5、第 7 和第 8 共五个波段，对于刮痕特征明显及噪声较大的第 3、第 4 和第 6 波段直接舍弃，以降低壁画背景里刮痕和烟熏的特征信息。利用上述五个波段进行 MNF 逆向变换后，合成彩色影像如图 5.54 所示。其内容已经得到了部分改善，其画面依稀可见。

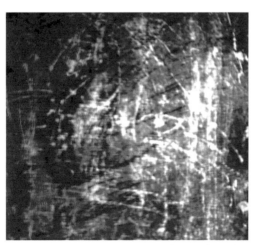

图 5.54　MNF 逆向变换后的合成彩色影像

3）光谱分析

在 MNF 逆向变换影像上分别选择可见壁画及烟熏区域污迹的区域，然后在原始高光谱影像上取光谱曲线，分别进行平均后得到两个区域的平均光谱曲线。

样本点选择如图 5.55 所示。

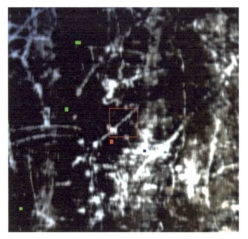

图 5.55　壁画内容与烟熏区域样本分布

分别计算其平均光谱曲线,添加进同一绘图窗口进行光谱分析,光谱曲线如图 5.56 所示,可以看出,两种类型区域的光谱曲线还是有明显差异的。

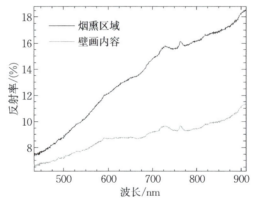

图 5.56　壁画内容及烟熏区域平均光谱曲线

4)波段运算

经反复实验,对 MNF 逆向变换后的图像做差值运算增强,即 B2－B1,其中 B2 为 715 nm 的波段,B1 为 600 nm 的波段,做此波段运算可相对有效地抑制烟熏背景信息,增强壁画信息。波段运算结果如图 5.57 所示。

5)图像融合

对 MNF 逆向变换影像和波段运算结果做色调-饱和度-明度(HSV)融合,其中低分辨率影像选择 MNF 逆向变换影像的真彩色影像,高分辨率影像数据为上一步得出的差值运算结果。融合结果如图 5.58 所示。

从图 5.57 可以看出,烟熏覆盖下的壁画内容已经清晰可见,但仍然受到较多划痕病害的干扰。从图 5.58 可见，经过融合后，在该研究区域的右上角，出现了异常的红色内容，可以推断该处壁画的内容虽然不可见，但其墙面的物质可能存在较大差异，导致 HSV 融合后的颜色截然不同，这在真彩色影像及高光谱增强后的单波段影像上是无法观察到的。

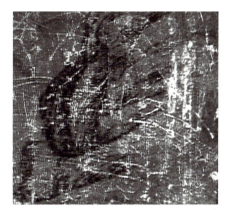 

图 5.57 波段运算结果　　　图 5.58 差值与彩色影像 HSV 融合结果

6) 密度分割及阈值二值化

为了消除划痕对提取信息的干扰，对差值运算后的影像进行密度分割。差值运算后波段 DN 值范围为 −2.97 至 9.90，为方便选取阈值，整幅图像加上一个最小差值的绝对值 2.97，使亮度范围从 0 开始。由于差值运算后增强目标为暗色，对图像做反转变换，用亮度最大值对图像做减法，使增强目标呈现为图像上较亮的部分，结果如图 5.59 所示。

对处理亮度范围后的波段运算结果做二值化。具体过程为选择密度分割，然后设置分类数为 2，反复实验选取合适阈值，当阈值为 8.25 时，可将壁画与背景较好分离，如图 5.60 所示。

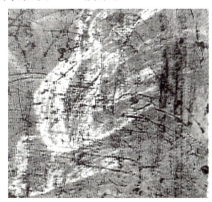 

图 5.59 差值图像反转变换结果　　　图 5.60 二值化后图像

视觉上看,原始影像内棕褐色的烟熏污迹与墨色壁画颜料对比度不大,再加上显眼的白色划痕,想要明显分辨出隐藏于此的壁画信息十分困难。即便是稍显清晰的近红外波段影像也因为特征过强的白色刮痕,使得壁画轮廓与背景边界模糊,不易分辨。

通过烟熏墙壁与壁画在斜率上相异的波段范围做差值运算,分离了烟熏墙壁与黑色壁画轮廓这两种颜色相近、光谱走向相似的特征,增强了壁画信息。通过HSV融合,达到良好的视觉表达。

用以上方法对受烟熏污染的其他两处做相同分析处理,可以得到如图 5.61 和图 5.62 所示隐含信息提取效果。

 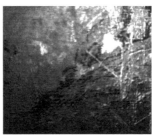 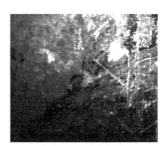

（a）原始影像　　　　　　（b）差值影像　　　　　　（c）HSV融合影像

图 5.61　烟熏覆盖区域二的隐含信息提取效果

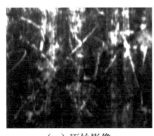 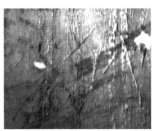 

（a）原始影像　　　　　　（b）差值影像　　　　　　（c）HSV融合影像

图 5.62　烟熏覆盖区域三的隐含信息提取效果

以上两处烟熏区域高光谱影像运用 MNF 变换选取隐含壁画特征波段,分析壁画与烟熏污迹光谱斜率差异,利用差值结果做影像融合,用与第一处完全相同的处理同样完成了壁画隐含信息的提取。可以看出,壁画内容得到了明显的增强,烟熏覆盖的内容基本可见。

3. 壁画涂鸦区域隐含信息挖掘

第三部分壁画的研究区域为一幅未妥善保护而被后人涂鸦破坏了的罗汉像。该处壁画在耳、鼻、嘴三处分别有明显的描绘痕迹,并且遮挡了原有罗汉的脸部线条,这对后续的壁画修复造成了一定困扰。

本部分将通过最小噪声分离正变换对高光谱影像数据进行特征波段选择,经

MNF 逆向变换,对其结果进行图像融合处理,重现被遮挡的原有壁画信息,并标识出涂鸦区域。如图 5.63 所示为该区域的彩色合成影像。

图 5.63　原始高光谱彩色合成影像

其主要处理流程如下所述。

1)最小噪声分离变换

（1）MNF 正向变换

类似于烟熏区域的信息提取,首先选择第 100～850 波段数据（433～910 nm）,人工抑制噪声。经 MNF 正向变换后输出前 10 个主要特征波段图像,如图 5.64、图 5.65 所示。可以看出,随着波段号增加,噪声逐渐增大。

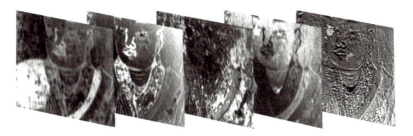

图 5.64　MNF 正向变换后第 1～5 特征波段图像

图 5.65　MNF 正向变换后第 6～10 特征波段图像

（2）MNF 逆向变换

MNF 正向变换后,观察输出的前 10 个特征波段图像,此时在一些 MNF 波段图像中,壁画涂鸦区域隐含信息已经可以为肉眼所见。其中,MNF 第 6、7、10 波段图像的原始轮廓信息明显。这里利用这三个波段做 MNF 逆向变换,输出结果记为 Inverse_1,作为涂鸦区域隐含信息特征影像。

选择路径输出。输出彩色合成影像为图 5.66,其中逆向变换影像近红外 820 nm 波段(图 5.67)隐含轮廓清晰,并有效地提取出了涂鸦覆盖的原有轮廓,后续影像融合时将作为高分辨率数据。

图 5.66　Inverse_1 彩色合成影像　　　　图 5.67　Inverse_1 的 820 nm 波段

由于第 7、10 波段已经包含了相当一部分噪声,虽然逆向变换结果增强了我们所要挖掘的目标信息,但也丢失了大部分有用信息(如色彩信息),并影响了输出影像的清晰度,如图 5.66 所示。

因此,考虑再做一次不同 MNF 波段组合的逆向变换,与以上逆向变换结果作图像融合。波段 1、2、4 影像的特征清晰噪声较少,波段 5、6、7 影像上目标壁画特征清晰;波段 3 影像包含了大量墙壁被破坏缺失的特征,这里不予选择。选择波段 1、2、4、5、6、7,输出结果记为 Inverse_2,如图 5.68 所示。这景逆向变换影像虽然没有显示出原始轮廓,但保有大量色彩信息,并且噪声较少,图像清晰。这一影像的真彩色波段将作为图像融合的低分辨率数据,相应的 820 nm 波段如图 5.69 所示。

图 5.68　Inverse_2 彩色合成影像　　　　图 5.69　Inverse_2 的 820 nm 波段

2）影像融合

分别选用 HSV、Color Normalized（CN）和 Gram-Schmidt Spectral Sharpening(GS)三种融合方法。对于低分辨率影像选择噪声较小且信息丰富的 MNF 逆向变换真彩色影像（Inverse_2），高分辨率影像选择目标特征明显的 MNF 逆向变换影像 Inverse_1 的近红外波段（820 nm）。

图 5.70～图 5.73 为三种融合方法的结果。

图 5.70 第一种波段组合 GS 融合

图 5.71 第二种波段组合 GS 融合

图 5.72 HSV 融合

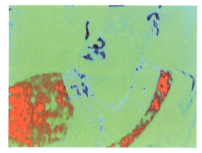

图 5.73 CN 融合

为了比较三种融合方法的增强效果，同时列出利用数字相机拍摄的真彩色影像（图 5.74）和利用高光谱的相应波段合成的彩色影像（图 5.75），可以看出其空间分辨率较数字相机要差点，其主要优点在于丰富的波段信息。

图 5.74 数字相机拍摄的真彩色影像

图 5.75 高光谱合成的彩色影像

图 5.70 与图 5.71 分别为两种不同波段组合下与特征影像的 GS 融合。图 5.72 为 HSV 融合,以上三幅结果均完整地显示了被涂鸦痕迹遮挡下的原始壁画轮廓。图 5.73 为 CN 融合,其中蓝色部分标注了涂鸦痕迹的位置。

由于在原有壁画上覆盖着后人恶意破坏的涂鸦痕迹,仅凭肉眼很难观察到覆盖于涂鸦痕迹下的真实壁画内容。通过高光谱影像数据降维、特征波段选取、图像融合等处理,从结果影像中已经可以清晰看出耳廓、鼻梁、嘴唇处的真实壁画轮廓。其中 HSV 与 GS 融合均完整地显示了被涂鸦痕迹遮挡下的原始壁画轮廓。CN 融合结果中,蓝色部分恰好标记了涂鸦痕迹的部分,与正射影像下肉眼可见的涂鸦位置一致。这些都可能对未来壁画的精细修复提供一定的便利。

参考文献

鲍泓,娄海涛,2009.一种自动提取书画作品中印章图像的方法[J].计算机科学,36(3):250-252.

蔡国印,杜明义,2016.遥感技术基础双语讲义[M].武汉:武汉大学出版社.

蔡天净,唐瀚,2011. Savitzky-Golay 平滑滤波器的最小二乘拟合原理综述[J]. 数字通信,38(1):63-68.

常晶晶,2010.古代壁画中颜料及染料的拉曼光谱研究[D].长春:吉林大学.

常睿春,王璐,王茂芝,2013.FastICA 在高光谱遥感矿物信息提取中的应用[J].国土资源遥感,25(4):129-132.

陈坤,马燕,李顺宝,2013.融合直方图阈值和 K-均值的彩色图像分割方法[J].计算机工程与应用,49(4):170-173.

陈铭涛,范俊伟,彭继煌,等,2014.白叶枯病胁迫下水稻冠层高光谱研究[J].现代农业科技(6):142-144.

陈栒,2016."传承与变革:宋元以来绘画学术研讨会"综述[J].中国书画(10):126-127.

杜培军,王小美,谭琨,等,2011.利用流形学习进行高光谱遥感影像的降维与特征提取[J].武汉大学学报(信息科学版),25(2):148-152.

杜培军,夏俊士,薛朝辉,等,2016.高光谱遥感影像分类研究进展[J].遥感学报,20(2):236-256.

杜耀中,2008.中国画的渊源与发展.美与时代(5 下):64-66.

范冬娟,张韶华,2006.高光谱影像反射率反演方法的研究[J].海洋测绘,26(3):28-30.

范宇权,李燕飞,于宗仁,等,2007.莫高窟第 285 窟南壁多光谱无损分析初步报告(Ⅰ)[J].敦煌研究(5):49-53.

盖超会,王成刚,2019.基于改进布谷鸟算法与 SVM 的矿用变压器故障诊断[J].煤炭工程,51(11):134-137.

高连如,张兵,2013.高光谱图像噪声估计及数据降维方法研究[C]//国际数学地球学会.第二届全国成像光谱对地观测学术研讨会论文集.南京:国际数字地球学会中国国家委员会成像光谱对地观测专业委员会:49-51.

高阳,2013.高光谱数据降维算法研究[D].徐州:中国矿业大学.

耿修瑞,张兵,张霞,等,2004.一种基于高维空间凸面单形体体积的高光谱图像解混算法[J].自然科学进展,14(7):91-95.

郭新蕾,张立福,吴太夏,等,2017.成像光谱技术的古画隐藏信息提取[J].中国图象图形学报,22(10):1428-1435.

何秋菊,楼朋竹,范胜利,2012.分光光度仪在彩绘类文物颜料无损分析中的应用[M]//文物修复与研究:6.北京:民族出版社:168-176.

侯妙乐,雷勇,芦鑫,等,2014.基于高光谱数据的壁画底稿信息提取[J].测绘科学,39(10):89-92.

侯妙乐,潘宁,马清林,等,2017.高光谱成像技术在彩绘文物分析中的研究综述[J].光谱学与光谱分析,37(6):1852-1860.

胡文英,王岳,2012.拉曼光谱在水泉梁北齐墓葬壁画颜料中的研究分析[J].硅谷,5(17):

153-154.

黄明祥,王珂,史舟,等,2009.土壤高光谱噪声过滤评价研究[J].光谱学与光谱分析,29(3):
　　722-725.

李彩艳,王慧琴,吴萌,等,2016.唐墓室壁画泥斑病害自动标定及虚拟修复[J].计算机工程与
　　应用,52(15):233-236.

李聃,2017.中国绘画的历史演变与发展[J].明日风尚(19):71.

李国进,王雪茹,黄鹏,2019.基于 PSO-SVM 的景观湖泊水体叶绿素 a 含量预测[J].水电能源
　　科学,37(11):58-61.

李蔓,李华,李斌,2016.现代科技手段在彩绘文物分析中的应用[J].中国文化遗产(2):44-48.

李乃胜,杨益民,何弩,等,2008.陶寺遗址陶器彩绘颜料的光谱分析[J].光谱学与光谱分析,28
　　(4):946-948.

李庆亭,张连蓬,杨锋杰,2005.高光谱遥感图像最大似然分类问题及解决方法[J].山东科技大
　　学学报(自然科学版),24(3):61-64.

李志国,2017.中国花鸟画浅析[J].书画世界(3):77-78.

李志敏,王乐乐,张晓彤,等,2013.便携式 X 射线荧光现场分析壁画颜料适用性研究——以西藏
　　拉萨大昭寺壁画为例[J].中国文物科学研究(4):64-67.

梁金星,万晓霞,2017.基于可见光谱的古代壁画颜料无损鉴别方法[J].光谱学与光谱分析,37
　　(8):2519-2526.

林红磊,张霞,孙艳丽,2016.基于单次散射反照率的矿物高光谱稀疏解混[J].遥感学报,20(1):
　　53-61.

刘建明,2010.古代壁画图像保护与智能修复技术研究[D].杭州:浙江大学.

刘锦安,2018.中国画的花鸟发展现状及其前景研究[J].参花(9 上):159-159.

刘伟,2008.基于光谱特征分析的匹配与分类技术研究[D].郑州:解放军信息工程大学.

刘伟,2010.基于差曲线信息熵的光谱相似性测度改进方法[C]//测绘通报.第二届"测绘科学前
　　沿技术论坛"论文精选.北京:测绘出版社.

刘伟东,FRÉDÉRIC BARET,张兵,等,2004.高光谱遥感土壤湿度信息提取研究[J].土壤学
　　报,41(5):700-706.

刘雪松,王斌,张立明,2011.基于非负矩阵分解的高光谱遥感图像混合像元分解[J].红外与
　　毫米波学报,30(1):27-32.

刘依依,2020.彩绘文物表面颜料光谱分段识别与填图方法研究[D].北京:北京建筑大学.

娄海涛,2008.中国书画印章图像的提取与识别[M].北京:北京邮电大学.

吕书强,尹琴丽,侯妙乐,等,2017.基于众数的比值导数法在混合颜料解混中的研究[J].光散
　　射学报,29(3):261-265.

罗文斐,钟亮,张兵,等,2008.基于子空间距离的高光谱图像光谱解混算法[J].自然科学进展,
　　55(10):1175-1180.

骆剑承,王钦敏,马江洪,等,2002.遥感图像最大似然分类方法的 EM 改进算法[J].测绘学报,
　　31(3):234-239.

马文武,侯妙乐,胡云岗,2015.基于地面高光谱遥感的石碑特征信息提取[J].北京建筑大学

学报，31(2):65-69.

那娜，欧阳启名，乔玉青，等，2004.傅里叶变换红外光谱和近红外傅里叶变换拉曼光谱法无损鉴定中国字画[J].光谱学与光谱分析,24(11):1327-1330.

牛琨，张舒博，赵方，2014.采用联合熵矩阵的子空间聚类算法[J].北京邮电大学学报,18(3):107-111.

钱进，邓喀中，范洪冬，等，2012.基于监督等距映射高光谱遥感影像降维[J].计算机应用与软件,29(8):66-69.

申婧妮，王慧琴，吴萌，等，2017.MCA分解的唐墓室壁画修复算法[J].计算机科学与探索,11(11):1826-1836.

史豪斌，张仁宇，孙钢，等,2017.一种基于ISODATA算法的多智能体任务分配策略[J].西北工业大学学报,35(3):507-512.

史宁昌，李广华，雷勇，等，2017.高光谱成像技术在故宫书画文物保护中的应用[J].文物保护与考古科学,29(3):23-29.

苏红军，杜培军，2006.高光谱数据特征选择与特征提取研究[J].遥感技术与应用,21(4):288-293.

苏红军，杜培军，盛业华，2008.高光谱遥感数据光谱特征提取算法与分类研究[J].计算机应用研究,25(2):390-394.

苏红军，盛业华，杜培军，2007.自动子空间划分在高光谱影像波段选择中的应用[J].地球信息科学学报,12(4):123-128.

孙伟伟，刘春，李巍岳，2015.联合改进拉普拉斯特征映射和k-近邻分类器的高光谱影像分类[J].武汉大学学报(信息科学版),40(9):1151-1156.

唐殿全，2013.浅论中国山水画的学习[J].美术观察(6):116-117.

童庆禧，张兵，张立福，2016.中国高光谱遥感的前沿进展[J].遥感学报,20(5):689-707.

童庆禧，张兵，郑兰芬，2006.高光谱遥感:原理、技术与应用[M].北京:高等教育出版社.

王伯敏，2010.中国人物画的产生与发展[J].中国画画刊(1):5-9.

王功明，刘志勇，2015.基于光谱表示和独立成分分析的混合颜料分离方法[J].光谱学与光谱分析,35(6):1682-1689.

王继英，魏凌，刘照军，2012.中国古代艺术品常用矿物颜料的拉曼光谱[J].光散射学报,24(1):86-91.

王凯，王慧琴，吴萌，2014.唐墓室壁画裂缝的自动虚拟修复方法[J].计算机工程与应用,50(15):136-139.

王可，王慧琴，殷颖，等，2018.基于自适应编辑距离的颜料光谱匹配识别方法[J].激光与光电子学进展,55(11):487-494.

王乐乐，李志敏，马清林，等，2015.高光谱技术无损鉴定壁画颜料之研究——以西藏拉萨大昭寺壁画为例[J].敦煌研究(3):122-128.

王丽琴，2006.彩绘文物颜料无损分析鉴定和保护材料研究[D].西安:西北工业大学.

王丽琴，严静，樊晓蕾，等，2010.中国北方古建油饰彩画中绿色颜料的光谱分析[J].光谱学与光谱分析,30(2):453-457.

王润生,甘甫平,闫柏琨,等,2010.高光谱矿物填图技术与应用研究[J].国土资源遥感(1):1-13.

王润生,杨苏明,阎柏琨,2007.成像光谱矿物识别方法与识别模型评述[J].国土资源遥感(1): 1-9.

吴波,张良培,李平湘,2004.非监督正交子空间投影的高光谱混合像元自动分解[J].中国 图象图形学报,9(11):1392-1396.

吴浩,徐元进,高冉,2016.基于光谱相关角和光谱信息散度的高光谱蚀变信息提取[J].地理 与地理信息科学,8(1):44-48.

武锋强,杨武年,李丹,2014.基于光谱特征拟合的艺术画颜料成分识别研究[J].光散射学报, 26(1):88-92.

武望婷,潘宁,彭森森,等,2016.周经《荷塘芦雁图轴》隐含信息分析研究[M]//北京文博文 丛:2016第3辑.北京:北京燕山出版社:101-108.

武望婷,张陈锋,高爱东,等,2017.基于高光谱技术对一幅清代画信息提取研究[J].文物保护 与考古科学,29(4):45-52.

夏寅,2008.偏光显微法在颜料研究中的发展现状与趋势[J].文物保护与考古科学,20(S1): 131-135.

许宁,胡玉新,耿修瑞,2019.凸体几何光谱解混研究进展及若干问题浅析[J].遥感技术与应 用,34(5):1028-1039.

闫宏涛,安晶晶,周铁,等,2012.彩绘文物颜料胶结材料分析与表征研究进展[J].分析科学学 报,28(5):708-714.

燕守勋,张兵,赵永超,等,2003.矿物与岩石的可见——近红外光谱特性综述[J].遥感技术与 应用,18(4):191-201.

杨筱平,王书文,2011.基于优先权改进算法的敦煌壁画复杂破损区域修复[J].计算机辅助设 计与图形学学报,23(2):284-289.

杨玉璋,张居中,左健,等,2010.“钟离君柏”墓出土彩绘陶器颜料的光谱分析[J].光谱学与光谱 分析,30(4):1130-1133.

姚旭,王晓丹,张玉玺,等,2012.特征选择方法综述[J].控制与决策,27(2):161-166.

尹继才,1990.中国古代矿物颜料使用概述[J].国外金属矿选矿(1):54-55.

于非闇,2013.中国画颜色的研究(修订版)[M].北京:北京联合出版公司.

袁静,章毓晋,高方平,2018.线性高光谱解混模型综述[J].红外与毫米波学报,37(5):43-61.

张兵,2016.高光谱图像处理与信息提取前沿[J].遥感学报,20(5):1062-1090.

张陈锋,2017.基于光谱特征分析的彩绘文物颜料识别方法研究[D].北京:北京建筑大学.

张陈峰,胡云岗,侯妙乐,等,2017.基于光谱吸收特征分析的彩绘文物颜料识别研究[J].地理 信息世界,24(3):119-123.

张浚哲,朱文泉,董燕生,等,2013.一种基于变权重组合的光谱相似性测度[J].测绘学报,42 (3):418-424.

张良培,2014.高光谱目标探测的进展与前沿问题[J].武汉大学学报(信息科学版),39(12): 1387-1394.

张良培,李家艺,2016.高光谱图像稀疏信息处理综述与展望[J].遥感学报,20(5):1091-1101.

张良培,张立福,2011.高光谱遥感[M].北京:测绘出版社.

赵春晖,陈万海,杨雷,2007.高光谱遥感图像最优波段选择方法的研究进展与分析[J].黑龙江大学自然科学学报,24(5):592-602.

赵恒谦,张立福,吴太夏,等,2013.比值导数法矿物组分光谱解混模型研究[J].光谱学与光谱分析,33(10):172-176.

赵银娣,张良培,李平湘,2006.一种纹理特征融合分类算法[J].武汉大学学报(信息科学版),31(3):278-281.

郑俊鹏,赵辽英,2014.基于CUDA的高光谱图像虚拟维度并行计算[J].杭州电子科技大学学报(自然科学版),34(6):56-60.

周平平,侯妙乐,赵学胜,等,2017.基于高光谱影像分类线性回归的古画污渍虚拟恢复[J].地理信息世界,24(3):113-118.

周欣,李小军,2016.古代绘画作品中石绿矿物颜料的稳定性研究[J].应用化工,45(2):245-248.

朱芸,魏广凯,郑秋生,2002.高光谱测量曲线中干扰信号的消除方法[J].海洋科学进展,20(4):76-78.

卓莉,曹晶晶,王芳,2015.采用目标端元修正的高光谱混合像元盲分解[J].遥感学报,19(2):273-287.

AALDERINK B J, KLEIN M E, PADOAN R et al,2009. Clearing the image:a quantitative analysis of historical documents using hyperspectral measurement[C]//Anon. AIC 37th Annual Meeting. California:The Book and Paper Group Annual:115-120.

ALESSIA D, SIMONE P, MATHIEW M et al,2018. New perspectives in the non-invasive, in situ identification of painting materials:The advanced MWIR hyperspectral imaging[J]. Trends in Analytical Chemistry,(98):143-148.

AMATO U, CAVALLI R M, PALOMBO A et al,2009. Experimental approach to the selection of the components in the minimum noise fraction[J]. IEEE Transactions on Geoscience and Remote Sensing,47(1):153-160.

ANDREOU C, KARATHANASSI V, 2013. Estimation of the number of endmembers using robust outlier detection method[J]. IEEE Journal of Selected Topics in Applied Earth Observations and Remote Sensing,7(1):247-256.

ATTAS M, CLOUTIS E, COLLINS C et al,2003. Near-infrared spectroscopic imaging in art conservation:investigation of drawing constituents[J]. Journal of Cultural Heritage,4(2):127-136.

BAJORSKI P, 2010. Second moment linear dimensionality as an alternative to virtual dimensionality[J]. IEEE Transactions on Geoscience and Remote Sensing,49(2):672-678.

BALAS C, PAPADAKIS V, PAPADAKIS N et al,2003. A novel hyper-spectral imaging apparatus for the non-destructive analysis of objects of artistic and historic value[J]. Journal of Cultural Heritage,4(1):330-337.

BASSANI C, CAVALLI R M, GOFFREDO R et al,2009. Specific spectral bands for different land cover contexts to improve the efficiency of remote sensing archaeological prospection: The Arpi case study[J]. Journal of Cultural Heritage, 10(S1):41-48.

BELKIN M,NIYOGI P, 2003. Laplacian eigenmaps for dimensionality reduction and data[J]. Neural Computation, 15(6):1373-1396.

BERRIE B H, LEONA M, MCLAUGHLIN R, 2016. Unusual pigments found in a painting by Giotto (c. 1266 — 1337) reveal diversity of materials used by medieval artists[J]. Heritage Sciences,4(1):1-2.

BOARDMAN J W, KRUSE F A, GREEN R O. 1995. Mapping target signatures via partial unmixing of AVIRIS data [C]//Anon. Summaries of the Fifth Annual JPL Airborne Geoscience Workshop. Pasadena:Jet Propulsion Laboratory Publications:23-26.

CHANG C I, CHEN S Y, LI H C et al,2016. Comparative study and analysis among ATGP, VCA and SGA for finding end-members in hyperspectral imagery[J]. IEEE Journal of Selected Topics in Applied Earth Observations & Remote Sensing, 9(9): 1-27.

CHANG C I, DU Q, 2004. Estimation of number of spectrally distinct signal sources in hyperspectral imagery[J]. IEEE Transactions on Geoscience and Remote Sensing, 42(3): 608-619.

CHAVEZ P S, BERLIN G L, SOWERS L B, 1982. Statistical-method for selecting landsat mss ratios[J]. Journal of Applied Photographic Engineering, 8(1):23-30.

CHEN J, CÉDRIC RICHARD, HONEINE P, 2011. A novel kernel-based nonlinear unmixing scheme of hyperspectral images[C]//Anon. IEEE 2011 45th Asilomar Conference on Signals, Systems and Computers. Pacific Grove:[s. n.]:8-10.

CLARK R N, SWAYZE G A, GALLAGER A et al,1991. Mapping with imaging spectrometer data using the complete band shape least-squares algorithm simultaneously fit to multiple spectral features from multiple materials[C]//Anon. Proceedings of the Third Airborne Visible/Infrared Imaging Spectrometer (AVIRIS) Workshop. Pasadena: Jet Propulsion Laboratory Publication:2-3.

CORTES C, VAPNIK V, 1995. Support-vector networks[J]. Machine Learning, 20 (3): 273-297.

COSTANZA C, JOHN K D, MARCELLO P. 2016. Reflectance hyperspectral imaging for investigation of works of art: old master paintings and illuminated manuscripts[J]. Accounts of Chemical Research,10(49): 2070-2079.

DAFFARA C, FONTANA R, 2011. Multispectral infrared reflectography to differentiate features in paintings. [J]. Microscopy & Microanalysis the Official Journal of Microscopy Society of America Microbeam Analysis Society Microscopical Society of Canada, 17 (5): 691-695.

DELANEY J K, ZEIBEL J G, THOURY M et al, 2010. Visible and infrared imaging spectroscopy of Picasso's Harlequin musician: mapping and identification of artist materials in situ[J]. Applied Spectroscopy, 64(6):584-594.

DHAMELINCOURT P, WALLART F, LECLERCQ M et al, 1979. Laser raman molecular microprobe (MOLE)[J]. Analytical Chemistry, 51(3): 414-420.

DONOHO D L, 2006. For most large underdetermined systems of linear equations the minimal L1-norm solution is also the sparsest solution[J]. Communications on Pure and Applied Mathematics, 59(7): 797-829.

DU P T, FANG T, TANG H et al, 2003. Similarity measure of spectral vectors based on set theory and its application in hyperspectral RS image retrieval[J]. Chinese Optics Letters, 1 (11):637-640.

EMMOLO D, FRANCO V, BRUTTO LO M et al, 2004. Hyperspectral techniques and GIS for archaeological investigation [C]//Anon. Proceedings of International Society for Photogrammetry and Remote Sensing (ISPRS). Istanbul:[s. n.]:10-11.

FANOST A, GIMAT A, VIGUERIE L D et al, 2019. Revisiting the identification of commercial and historical green earth pigments[J]. Colloids and Surfaces A Physicochemical and Engineering Aspects, 58(4):124-135.

FAUVEL M, TARABALKA Y, BENEDIKTSSON J A et al, 2013. Advances in spectral-spatial classification of hyperspectral images[J]. Proceedings of the IEEE, 101(3):652-675.

Fukunaga K, 1982. 15 Intrinsic dimensionality extraction[J]. Handbook of statistics, 42(2):347-360.

GOLTZ D, ATTAS M, YOUNG G, 2010. Assessing stains on historical documents using hyperspectral imaging[J]. Journal of Cultural Heritage, 11(1):19-26.

HAN X, HOU M, ZHU G et al, 2015. Extracting graphite sketch of the mural using hyperspectral imaging method[J]. Tehnicki Vjesnik, 22(6):1567-1577.

HOPGOOD J R, RAYNER P J W, 2003. Single channel nonstationary stochastic signal separation using linear time-varying filters[J]. IEEE Transactions on Signal Processing, 51 (7):1739-1752.

HOU M, CAO N, TAN L et al, 2019. Extraction of hidden information under sootiness on murals based on hyperspectral image enhancement[J], Appl. Sci. , 9(17):3591.

HOU M L, ZHOU P P, LV S Q et al, 2018. Virtual restoration of stains on ancient paintings with maximum noise fraction transformation based on the hyperspectral imaging[J]. Journal of Cultural Heritage,34(12):136-144.

HYVRINEN A, 1999. Fast and robust fixed-point algorithms for independent component analysis[J]. IEEE Transactions on Neural Networks, 10(3):626-634.

JIANG Y E, LI X C, ZHOU S L, et al, 2013. Microwave resonant electro-optic bulk phase modulator for two-dimensional smoothing by spectral dispersion in SG-Ⅱ[J]. Chinese Optics Letters, 11(5):62-64.

KAMAL O S, WARE G A, HOUSTON S et al,1999. Multispectral image processing for detail reconstruction and enhancement of maya murals from la pasadita, guatemala[J]. Journal of Archaeological Science, 26(11):1391-1407.

KESHAVA N, MUSTARD J F, 2002. Spectral unmixing[J]. IEEE Signal Processing Magazine, 19(1):44-57.

KIM S J, DENG F, BROWN M S, 2011. Visual enhancement of old documents with hyperspectral imaging[J]. Pattern Recognition, 44(7):1461-1469.

LATOUR G, ELIAS M, FRIGERIO J M, 2009. Determination of the absorption and scattering coefficients of pigments: application to the identification of the components of pigment mixtures[J]. Applied Spectroscopy, 63(6):604.

LI J, AGATHOS A, ZAHARIE D et al, 2015. Minimum volume simplex analysis: a fast algorithm for linear hyperspectral unmixing[J]. IEEE Transactions on Geoscience and Remote Sensing, 53(9): 5067-5082.

LIANG D, YAN P, ZHU M et al. 2012. Spectral matching algorithm based on nonsubsampled contourlet transform and scale-invariant feature transform[J]. Journal of Systems Engineering and Electronics,12(3):133-139.

LIANG H, 2012. Advances in multispectral and hyperspectral imaging for archaeology and art conservation [J]. Applied Physics A, 106(2):309-323.

LYU S, LIU Y, HOU M et al, 2020. Quantitative analysis of mixed pigments for Chinese paintings using the improved method of ratio spectra derivative spectrophotometry based on mode[J]. Heritage Science, 38,(10):78-80.

MANSFIELD J R, ATTAS M, MAJZELS C et al,2002. Near infrared spectroscopic reflectance imaging:a new tool in art conservation[J]. Vibrational Spectroscopy, 28(5):59-66.

MELESSANAKI K, PAPADAKIS V, BALAS C et al, 2001. Laser induced breakdown spectroscopy and hyper-spectral imaging analysis of pigments on an illuminated manuscript [J]. Spectrochimica Acta Part B Atomic Spectroscopy, 56(12):2337-234.

MELGANI F, BRUZZONE L, 2004. Classification of hyperspectral remote sensing images with support vector machines[J]. IEEE Transactions on Geoence and Remote Sensing, 42(8):1778-1790.

NASCIMENTO J M P, DIAS J M B, 2005. Vertex component analysis: a fast algorithm to unmix hyperspectral data[J]. IEEE Transactions on Geoence and Remote Sensing, 43(2):898-910.

NEDA R, EMELINE P, OLIVER C et al,2018. Nonlinear unmixing of hyperspectral datasets for the study of painted works of art[J]. Angewandte Chemie International Edition, 57(34):10910-10914.

NI L, GAO L R, LI S S et al,2014. Edge-constrained Markov random field classification by integrating hyperspectral image with LiDAR data over urban areas[J]. Journal of Applied Remote Sensing, 8(1):85-89.

NIELSEN A A, 2011. Kernel maximum autocorrelation factor and minimum noise fraction transformations[J]. IEEE Transactions on Image Processing, 20(3):612-624.

PADOAN R, STEEMERS A G, KLEIN M E et al,2008. Quantitative hyperspectral imaging of historical documents: technique and applications[C]//Anon. 9th International Conference on NDT of Art. Jerusalem Israel:[s. n.]:2-4.

PAN NING, HOU MIAOLE, LV SHUQIANG et al,2017. Extracting faded mural patterns based on the combination of spatial-spectral feature of hyperspectral image[J]. Journal of Cultural Heritage, 27(2):80-87.

PAOLA R, DELANEY J K, GLINSMAN L et al,2009. Use of visible and infrared reflectance and luminescence imaging spectroscopy to study illuminated manuscripts: pigment identification and visualization of underdrawings [C]//Anon. Proceedings of SPIE. Orlando: [s. n.]:73-91.

PAPANDREOU G, MARAGOS P, KOKARAM A, 2008. Image inpainting with a wavelet domain Hidden Markov Tree Model[C]//Anon. Proceedings of the IEEE International Conference on Acoustics, Speech, and Signal Processing(ICASSP 2008). Las Vegas:[s. n.]: 20-22.

PEI S C, ZENG Y C, 2004. Hiding multiple data in color images by histogram modification [C]//Anon. in Proc. Of 17th Int. Conf. on Pattern Recognition(ICPR'04). Washington DC:IEEE Computer Society:34-36.

PENG J, YU K, WANG J et al,2019. Mining painted cultural relic patterns based on principal component images selection and image fusion of hyperspectral images[J]. Journal of Cultural Heritage, 36(12): 32-39.

RACHEL S. P, ALAN M, CLAIRE E L et al, 2014. HyLogger™ near-infrared spectral analysis: a non-destructive mineral analysis of Aboriginal Australian objects[J]. The Royal Society of Chemistry,13(6):1309-1316

ROHANI N, SALVANT J, BAHAADINI S et al, 2016. Automatic pigment identification on roman Egyptian paintings by using sparse modeling of hyperspectral images[C]//Anon: IEEE Signal Processing Conference. Chengdu:[s. n.]:2111-2115.

SALERNO E, TONAZZINI A, BEDINI L, 2007. Digital image analysis to enhance underwritten text in the Archimedes palimpsest [J]. International Journal of Document Analysis & Recognition, 9(2):79-87.

TAO T, ZHAI C X, 2006. Regularized estimation of mixture models for robust pseudo-relevance feedback[C]//Anon. Proceedings of the International ACM SIGIR Conference on Research and Development in Information Retrieval, DBLP. Seattle:[s. n.]:7-10.

TAUFIQUE A M N, MESSINGER D W, 2019. Hyperspectral pigment analysis of cultural heritage artifacts using the opaque form of Kubelka-Munk theory[C]//Anon. In Proceedings of the SPIE 10986, Algorithms, Technologies, and Applications for Multispectral and Hyperspectral Imagery XXV. Baltimore:[s. n.]:16-20.

VAN ASPEREN DE BOER J R J, 1969. Reflectography of paintings using an infrared vidicon television system[J]. Studies in Conservation, 14 (3):96-118.

WINTER M E, 1999. N-FINDR: an algorithm for fast autonomous spectral end-member determination in hyperspectral data[C]//Anon. Proceedings of SPIE-The International Society for Optical Engineering. Denver:[s. n.]:266-275.

WU T, CHENG Q, WANG J et al, 2019. The discovery and extraction of Chinese ink characters from the wood surfaces of the Huangchangticou tomb of Western Han Dynasty. Archaeol. Anthropol. Sci. , 11(8):4147-4155.

WU T, LI G, YANG Z et al, 2017. Shortwave infrared imaging spectroscopy for analysis of ancient paintings[J]. Applied Spectroscopy, 71(5):977.

ZHAO Y, BERNS R S, CODDINGTON J, 2008. An investigation of multispectral imaging for the mapping of pigments in paintings[C]//Anon. Proceedings of SPIE-The International Society for Optical Engineering. San Jose Ca:[s. n.]:68-70.

ZHOU P, HOU M, LV S et al, 2019. Virtual restoration of stained chinese paintings using patch-based color constrained poisson editing with selected hyperspectral feature bands[J]. Remote Sensing, 11(11):1384.